ullstein

Das Buch

Nach dem Erfolg der Bücher »Nenne drei Nadelbäume: Tanne, Fichte, Oberkiefer« und »Nenne drei Hochkulturen: Römer, Ägypter, Imker« präsentieren die SPIEGEL-ONLINE-Redakteurinnen Lena Greiner und Carola Padtberg neue witzige und kreative Schülerantworten aus dem unerschöpflichen Quell jugendlichen Nichtwissens: Stilblüten, Fehler aus Prüfungen und Klausuren – ein unvergleichlich komisches Zeugnis deutscher Unbildung. Zusätzlich versammelt der Band schlagfertige Lehrerantworten und -sprüche.

Die Autorinnen

Lena Greiner, geboren 1981 in Hamburg, ist Journalistin und Buchautorin. Sie studierte Politikwissenschaft und Internationale Beziehungen in Hamburg, Berlin und Washington, DC. Seit 2013 ist sie Redakteurin bei SPIEGEL ONLINE. Zusammen mit Carola Padtberg hat sie bereits vier Bücher veröffentlicht, die allesamt Bestseller wurden.

Carola Padtberg, geboren 1976 im Rheinland, ist Journalistin und Buchautorin. Sie studierte Literatur und Politik in Bonn und London und ist seit 2005 Redakteurin bei SPIEGEL ONLINE.

Lena Greiner /
Carola Padtberg

Nenne drei Streichinstrumente:

- Geige
- Bratsche
- Limoncello

Neue witzige Schülerantworten
& Lehrersprüche

Mit Cartoons von
Hauck & Bauer

Ullstein

Besuchen Sie uns im Internet:
www.ullstein-buchverlage.de

MIX
Papier aus verantwortungsvollen Quellen
FSC
www.fsc.org
FSC® C083411

Originalausgabe im Ullstein Taschenbuch
1. Auflage Oktober 2019

In Kooperation mit SPIEGEL ONLINE, Hamburg
Umschlaggestaltung: zero-media.net, München
Titelabbildung: © FinePic®, München
Satz: KompetenzCenter, Mönchengladbach
Gesetzt aus der Berkeley Oldstyle Std
Druck und Bindearbeiten: CPI books GmbH, Leck
ISBN 978-3-548-37797-1

Inhalt

Einleitung

»Totales Chaos bricht in Zwickau aus, wenn zwei Schneeflocken gleichzeitig fallen, und in meiner 8a, wenn ein weißes Blatt Papier gebraucht wird. Und ich habe noch gar nicht gesagt, dass wir Millimeterpapier brauchen.«

So stöhnt eine Lehrkraft eines Gymnasiums über ihren Berufsalltag. Dabei schlagen sich Lehrer nicht nur täglich mit aufgeregten Schülern rum, sondern auch mit deren – zum Teil durchaus fragwürdigen – Wissensständen. Oder wussten Sie, dass wir das Jahr 2019 haben, weil vor 2019 Jahren der Urschlaf war? Eben.

Einige Pädagogen können über so etwas nur entgeistert den Kopf schütteln, andere freuen sich sogar: »Anekdoten bereichern den Schulalltag und versüßen uns diesen natürlich«, berichtete uns eine Lehrerin. Und eine Biologielehrerin schickte uns folgendes Zitat aus einer sechsten Klasse: »Die Vögel sind in ihrem Leben viel am Arbeiten. Die Amphibien gehen das Leben langsamer an und haben Winterstarre.« Die Pädagogin kommentierte: »Auch wegen solcher Antworten liebe ich meinen Beruf.«

SPIEGEL ONLINE hat Lehrer dazu aufgerufen, lustige Schülerantworten einzusenden. Hunderte Lehrer aus

Deutschland, Österreich und der Schweiz schickten uns daraufhin die schönsten Stilblüten aus ihrem Unterricht – von Grundschule bis Gymnasium und Berufsschule. Viele davon sind in den ersten beiden Bänden »Nenne drei Nadelbäume: Tanne, Fichte, Oberkiefer« sowie »Nenne drei Hochkulturen: Römer, Ägypter, Imker« versammelt.

Und weil uns weiterhin so viele witzige und kreative Schülerantworten zugetragen wurden, gibt es jetzt den dritten Band. In zwölf Kapiteln finden Sie neue Stilblüten – aus den Fächern Deutsch, Mathe, Englisch, Biologie, Musik, Religion, Chemie, Erdkunde und Geschichte. Sie erfahren, wer Rom gegründet hat (Alfa Romeo), dass Schüler sich nicht scheuen, deutsche Redewendungen schamlos ins Englische zu übersetzen: »My English is not from bad parents.« Und Sie lernen endlich, was Karstadt ist – eine Stadt in Nordrhein-Westfalen nämlich. Was getan werden muss, damit es mehr Frieden gibt auf der Welt, wissen die Schüler übrigens auch: »Alle Länder müssten sich auf einen Tisch setzen.« Und die Stradivari bekommt dank dieses Buches ebenfalls eine neue Bedeutung: als Nudelsorte.

Außerdem präsentiert dieses Buch die besten Ausreden von Schülern. So entschuldigte ein Drittklässler seine 20-minütige Verspätung mit den Worten: »Ich musste warten, bis die Leuchten in meinen Schuhsohlen aufgeladen waren.«

Im Kapitel »Lehrergeständnisse« erzählen Pädagogen maximal ehrlich, warum Schulausflüge für sie die Pest sind, warum sie nur gute Noten geben und was in Lehrerzimmern abgeht, wenn ein Kollege Geburtstag hat.

Ein Bonuskapitel in diesem Buch widmet sich einem neuen Blickwinkel: dem der Schüler auf ihre Lehrer. Auch diesem Aufruf sind bereits Hunderte Leser gefolgt und berichteten uns ihre skurrilsten Erlebnisse mit nerdigen oder exzentrischen Pädagogen.

Da ist der Musiklehrer, der an seinem Flügel ausschließlich ohne sein Gebiss spielte – er legte es vorher vor sich auf dem Flügel ab. Oder der Mathelehrer, der immer nur durchs Fenster hindurch unterrichtete, damit er selbst draußen stehen und rauchen konnte.

Manche Lehrer übertreiben es auch mit dem Anschauungsunterricht: »Wir mussten in der elften Klasse in Spanisch einen vollen Zehn-Liter-Wasserkanister zweimal durchs Schulgebäude tragen, um nachvollziehen zu können, was bolivianische Frauen jeden Tag durchmachen, wenn sie Trinkwasser an Brunnen holen«, erzählten Schüler.

Und ein Lehrer gab gegenüber einer neunten Klasse sogar alles zu:

Schüler 1: Quälen Sie uns doch nicht so!
Schüler 2: Genau deshalb ist er doch Lehrer geworden.
Lehrer: Stimmt.

In diesem Buch darf also über beide Seiten geschmunzelt werden: über die Pannen der Schüler – und die ihrer Lehrer. Und am besten lachen alle miteinander, denn wie sonst auch im Leben gilt in der Schule ganz besonders der weise Spruch von Samuel Beckett:

»Ever tried. Ever failed. No matter. Try again. Fail again. Fail better.«

In diesem Sinne: Viel Vergnügen mit den lustigsten Anekdoten aus deutschen Klassenzimmern.

Lena Greiner und Carola Padtberg, im Juli 2019

Hinweis der Autorinnen:
Rechtschreib-, Grammatik- und Zeichensetzungsfehler in den Schülerantworten wurden in der Regel korrigiert – es sei denn, sie machen den Witz aus. Sofern bekannt, haben wir die Klassenstufe und die Schulform angegeben, die Rekonstruktion war jedoch nicht in allen Fällen möglich. Um den Lesefluss nicht zu stören, verwenden wir bei der Wiedergabe von Dialogen ausschließlich das generische Maskulinum. Die Begriffe »Schüler« und »Lehrer« stehen also für Personen aller Geschlechter. Die Zitatgeber bleiben durchgehend anonym. Das Gleiche gilt auch für die Lehrer, die uns Anekdoten aus ihrem Arbeitsleben geschickt haben und in den Lehrergeständnissen von ihrem Beruf berichten, wie es sich sonst kaum jemand traut.

Was verstehen wir unter »Klimaneutral«?
Ich würde sagen, das Klima zwischen meinen Eltern ist neutral.
H&B

»Chuck Norris hat die Sonne aufgedreht«: Irrläufer in Erdkunde

Wenn man sich das Engagement von Schülern in Sachen Klimaschutz anschaut, dann wurde im Fach Geografie offenbar viel richtig gemacht. Beglückend viele Jugendliche gehen in Deutschland seit Dezember 2018 an den »Fridays for Future«-Tagen auf die Straße – für Klimaschutz. Sie fordern Lösungen für die wichtigsten Zukunftsfragen unserer Zeit: Treibhauseffekt und Klimawandel, fossile Brennstoffe, Mobilität und Artensterben. Das ist angewandte Geografie! Das Fach erklärt auch, welche Naturkatastrophen menschengemacht sind, wie sich die Bevölkerung auf der Erde entwickeln wird – und vor welche Herausforderungen dies die Politik weltweit stellt. Okay, »Fridays for Future« ist auch ein Streik und damit vielleicht für manche eine willkommene Ausrede fürs Schwänzen. Doch dürften viele Schüler von der Protestbewegung auch ein bisschen Wissen mitgenommen haben.

Aber es gibt auch die anderen. Für sie ist der Treibhauseffekt leider weiterhin so eine Art Häuserzittern, wenn es stürmt. Niederschlag hat aus ihrer Sicht etwas mit Nahkampf zu tun, und am Äquator dreht sich die Erde schneller als an anderen Stellen. Wäre spannend, dort mal hinzufahren und unter Nutzung der äquatorialen Zentrifugalkraft in den Schülerhirnen alle Erdkundetests erneut abzufragen.

Klima, Wetter und andere Katastrophen

In Erdkunde hängt vieles miteinander zusammen. Versteht man den Wasserkreislauf auf der Erde nicht oder wie das Wetter entsteht, wird's deshalb schwierig, die Auswirkungen globaler Erwärmung zu erklären. Und es gibt leider immer noch ein paar Hinterwäldler, die einfach alles negieren.

Aufgabe: Erkläre, was man unter dem Treibhauseffekt versteht.
Antwort: Ein Treibhauseffekt ist, wenn es stürmisch ist und Häuser sich ganz leicht bewegen.
Klasse 6, Realschule

Warum dann nicht gleich auf Verweigerungshaltung machen und nur noch rumwitzeln?

»Globale Erwärmung gibt es nicht. Chuck Norris war kalt, deshalb hat er die Sonne aufgedreht.«
Klasse 12

Auch wenn es praktischer wird, stehen Schüler häufig voll auf dem (Wasser-)Schlauch:

Frage: Wie kann man im Haushalt beim Wasserverbrauch sparen?
Antwort: Man soll Wasser nicht in die Sonne stellen, denn es verdampft.

Aus einer Klassenarbeit:

»In der Mittagshitze verdunstet das Wasser und der Boden laugt aus.«

Aus einem Lückentext über den Wasserkreislauf:

Frage: Wenn die Sonne scheint, wird die Erde … ?
Antwort: kleiner

Zum Wasserkreislauf auf der Erde gehören natürlich auch die verschiedenen Aggregatzustände von H_2O – Dampf und Eis etwa, oder wieso es regnet. Für einige Schüler ist allerdings das Wort »Niederschlag« ein Fremdwort.

Frage: Wie entsteht Steigungsniederschlag?
Antwort: Wenn Schnee schmilzt, fängt es an zu nieseln.
Klasse 8

Aufgabe: Nenne drei Formen des Niederschlags.
Antwort *(nach längerem Überlegen)*: Boxen, prügeln, hauen.
Grundschule

Frage: Wenn es im Winter glatt ist, wird häufig Salz gestreut. Im Wasserschutzgebiet ist das verboten – warum?
Antwort: Weil sie das Eis behalten wollen. Weil Eis wichtig ist.

In manchen Gebieten behalten sie das Eis ja ganzjährig, weil es ihnen so wichtig ist. An den Polen ist es übrigens angeblich so kalt, »weil sie auf der Nordhalbkugel liegen«. Dort gefriert auch das Meer, dem Hörensagen nach aber nur unter der Erde:

»Das Meereis wird nur drei bis vier Meter dick, weil dort Dauerfrostboden ist. Das heißt, dass der Boden im Sommer um einen Meter auftaut, und darunter bleibt das Meer gefroren.«

»Packeis entsteht durch süßes Wasser und noch mehr Kälte.«

Nope. Packeis sind Eisschollen, die zusammen- und übereinandergeschoben sind. Immerhin dachte dieser Schüler nicht, es handle sich um verpacktes Speiseeis. Doch was hat es noch mal mit dieser Frostsprengung auf sich? Wenn

Wasser in Felsspalten oder unterirdischen Höhlen (oder auch in einer Glasflasche im Eisfach) gefriert, sorgen die sich ausdehnenden Eiskristalle manchmal dafür, dass das Gestein zerfällt oder gesprengt wird. Hier ein paar Weisheiten von Gymnasiasten zu diesem Phänomen:

> »Die Frostsprengung kommt in temporalen Gebieten, wie etwa Norwegen, vor.«
> *Klasse 10*

> »Bei der Frostsprengung zerspringt ein Stein, weil er unter zu kalten Bedingungen lebt.«
> *Klasse 10*

> »Es gibt zwei Arten von Frostsprengung: die Frostsprengungsverwitterung und die Lösungsverwitterung.«
> *Klasse 10*

Der Wind, der Wind, das schwierige Kind

Wenn wir zum Wasserkreislauf noch den Wind hinzunehmen, sind wir schon in der Meteorologie. Da spielen natürlich auch physikalische Faktoren mit hinein, teilweise auch chemische. Das mag der Grund sein, warum Schüler hier schon ins Rudern kommen, wenn es um Windrichtungen und Luftströmungen geht. Gar nicht erst zu sprechen von der Corioliskraft, die wirklich etwas für Spezialisten ist, das geben wir gern zu – diese auf die Erddrehung zurückgehende Trägheitskraft, die die Drehrichtung der Windfelder von Hoch- und Tiefdruckgebieten beeinflusst und auf die erdumspannenden Passatwinde wirkt. Aber was hilft's? Steht leider so im Lehrplan!

»Der Wind bewegt sich an Land schneller als am Wasser.«

»Da sich die Erde um die eigene Achse dreht, verlaufen die Winde nicht gerade, sondern geradlinig.«

»Da warme Luft bekanntlich aufsteigt, steigt auch die Luft über dem Festland an und damit der Luftdruck.«

»Der Sand wird erwärmt, davon entsteht ein Duft, die warme Luft steigt nach oben, und dann kriegt der Wind den Duft von der See.«

Hm, vielleicht steigt warme Luft auf, die mündliche (Duft-) Note wird hier aber wohl eher nicht hochgehen. Eher ist Gegenwind aus Richtung Lehrerpult zu erwarten.

Unterrichtseinheit »Windstärken«:

Lehrer: Eine leichte Brise spürt man nur ein bisschen.
Schüler: Logisch. Wenn ich ein bisschen würzen will, nehme ich ja auch nur eine *Brise Salz*!
Grundschule

Aufgabe: Beschreibe die Passatzirkulation.
Antwort: Durch die Erddrehung wird der Wind von der Erde geblasen und wird anschließend in höheren Gegenden wieder zu der Erde zurückbefördert. Dies geschieht ungefähr auf der Höhe von dem Nordost-Passat und wird dann wieder in die Erddrehung aufgenommen.
Klasse 10, Gymnasium

Aufgabe: Erkläre, wie die Corioliskraft wirkt.
Antwort 1: Corioliskraft ist eine Trägheitskraft, die die Massenträgheit beschleunigt. Sie steuert die Winde von der Mitte der Winde aus.
Antwort 2: Durch Corioliskraft dreht sich die Erde, und so entstehen Passatwinde.
Klasse 10, Gymnasium

Puh, wenn man an die ganzen Rotationen von Erde, Planeten und Winden denkt, kann einem ganz schwindelig werden. Wie soll man da noch ordentlich Wissen ablaichen? Antworten zu diesem Thema haben auf jeden Fall ein paar

Umdrehungen mehr, in einem Fall sogar bis zum Schmelzpunkt.

Frage: Welche Planeten drehen sich?
Antwort: Die Erde dreht sich um die Welt.
Klasse 6

Vielleicht etwas abstrakt, das mit den Planeten. Die meisten sind ja so weit weg. Doch auch sonst dreht sich in den Schülerhirnen nicht viel.

»Am Äquator dreht sich die Erde schneller als außen.«

»Die Erde dreht sich, aber alles, was auf der Erde ist, dreht sich langsamer.«

»Die Erde dreht sich am Schmelzpunkt, der am Äquator liegt.«

Apropos Schmelzpunkt: Der ist zwar nicht am Äquator zu finden, sondern in tieferen Erdkrusten, aber er liegt bei Granit etwa bei 960 Grad. Doch woraus bestehen eigentlich flüssiges Magma und die eruptierte Lava? Und was hat das mit Geschwätzigkeit zu tun?

Frage: Woraus besteht Lava?
Antwort: Aus Schleim.

Frage: Warum bewegen sich die Erdplatten?
Antwort: Die Erdplatten bewegen sich durch die Konversationsströme im Magma.

Oralgebirge und Karstadt: Stadt, Land, Fluss

Wie einfach hingegen könnte der Themenbereich »Länder, Städte und Regionen« sein! Den muss man nicht groß verstehen, bloß auswendig lernen. Theoretisch. Haha. Klappt super.

Aufgabe: Nenne mir eine große Stadt in Nordrhein-Westfalen, die mit K beginnt.
Antwort: Karstadt.

Aufgabe: Nenne die Nachbarländer Deutschlands.
Antwort: Ägypten, Neuseeland, Köln, Bayern und Flensburg.
Klasse 4

Pausengespräch in der Grundschule:

Schüler 1: Neulich wollten wir nach Paris fahren, aber wir sind mitten in Frankreich gelandet.

Schüler 2: Aber Frankreich liegt doch mitten in Deutschland?
Klasse 1

Frage: Was ist die Hauptstadt von Österreich?
Antwort: Schweiz.
Frage: Was ist die Hauptstadt von Spanien?
Antwort: USA.
Grundschule

Frage: Was ist die Hauptstadt von Italien?
Antwort: Juventus.
Klasse 3

Frage: Welches sind die geografischen Grenzen von Europa?
Antwort: Nordkap, Ostkap, Südkap und Westkap.

Frage: Was bedeutet das europäische Länderkennzeichen CH?
Antwort: China.
Grundschule

Das waren mehrheitlich Grundschul-Verirrungen. Vielleicht sind Sie jetzt kurz davor einzuwenden, dass so kleine Kinder das doch wirklich nicht schon alles wissen müssen. Solche Ausrutscher könnten doch mal passieren, meinen Sie? Tja, vielleicht. Leider geht's aber auch auf weiterführenden Schulen weiter mit hanebüchenem Quatsch.

Nur, dass dann China nicht mehr in Europa liegt, sondern im Japanischen Meer, und Belgien wird zur Hauptstadt von … Ach, lesen Sie selbst.

Frage: Wie heißen die vier japanischen Hauptinseln?
Antwort: Hokkaido, Kyushu, Hoshi, China.
Klasse 9, Gymnasium

Frage: Welches Land entdeckte Kolumbus?
Antwort: Kolumbien?
Klasse 7, Realschule

Frage: Welches Meer liegt nördlich von Deutschland?
Antwort: Das nordeuropäische Eismeer.
Klasse 6, Gymnasium

Lehrer: Ägypten ist ein Geschenk des Nils.
Schüler: Wer ist dieser Nils?
Klasse 8, Gesamtschule

»Ich konnte es im Atlas nicht genau erkennen – ist Belgien die Hauptstadt von Spanien?«
Klasse 6

Nicht nur Städte gibt es wahnsinnig viele, auch Flüsse können einen in Erdkunde ziemlich nerven. Folgende Weisheiten wusste die achte Klasse einer Hauptschule über den Fluss Ruhr zu berichten:

»Die Ruhr ist circa 217 kg lang.«

»Die Ruhr ist einer von den längsten Flüssen, die es gibt. Sie fängt in Mülheim an, kommt an die Städte Wuppertal, Winterberg, Fröndenberg, und schließlich endet sie da, wo sie angefangen hat.«

»Die Ruhr liegt im Ruhrgebiet, daher kommt auch der Name Ruhr.«

»Die Ruhr soll sauber bleiben und nicht so enden wie die Emscher, aber so weit kommt es nicht wegen der Klärungsanlagen.«

Bleiben noch die Gebirge. Natürlich werden auch die von *Lowbrainern* nicht verschont. Doch wie zur Hölle kommt man darauf, sie nach Wintersportaktivitäten zu benennen?

Aus einer Klassenarbeit zum Rothaargebirge, das ein Teil des Rheinischen Schiefergebirges ist:

»Das Rothaargebirge ist ein Schi fahr Gebirge!«

Frage: Wozu dient das Gipfelkreuz?
Antwort: Damit der Berg nicht umfällt.
Klasse 5, Gymnasium

Aufgabe: Beschreibe die Topografie Japans.
Antwort: Japan ist bergig. Dazwischen ist es flach, denn da ist Wasser.
Klasse 8, Realschule

Frage: Welches Gebirge trennt Europa von Asien?
Antwort 1: Realgebirge.
Antwort 2: Oralgebirge.
Klasse 7, Hauptschule

Vielleicht besser den Ural noch mal auf der Karte angucken. Bloß, welche Karte ist die richtige?

Frage: Welcher Kartentyp ist das?
Antwort: Psychische Karte.

Aufgabe: Benenne die Unterschiede zwischen Tagebau und Untertagebau.
Antwort: Im Tagebau wird mittags gearbeitet, im Untertagebau abends.
Klasse 9, Hauptschule

Auslandserfahrung: Die Arzttheken in Südamerika

Erdkunde ist auch das Fach, in dem über die Bevölkerung in anderen Ländern, weltweite Ressourcen und Landwirtschaft gesprochen wird. Vieles scheint den Schülern dabei allerdings sehr fremd zu sein.

Aufgabe: Beschreibe das System der Dreifelderwirtschaft.
Antwort: Ein Feld wird bepflanzt, auf einem Feld wächst Gras, und auf dem dritten Feld pissen die Kühe.

Klasse 7, Gymnasium

Frage: Warum gelten in den USA Schwarze als besonders von Armut gefährdet?
Antwort: Weil sie vielleicht ihr ganzes Geld für die Reise in die USA verbraucht haben.

Oberstufe, Gymnasium

Aufgabe: Beurteilen Sie die Verhältnisse in den Slums von Rio de Janeiro.

Antwort: Das Leben hier ist kein Ponyschlecken.

Klasse 12

Aufgabe: Beschreibe die Bevölkerung in der Sahelzone.

Antwort: In der Sahelzone leben hauptsächlich Nomaden, die hinter der Regenzeit herlaufen.

Wie jetzt, etwa so: Hey, Regenzeit, warte mal auf mich!? In der Sahelzone herrscht semiarides Klima, das heißt, dass dort die meiste Zeit im Jahr die Verdunstung den Niederschlag übersteigt. Anders als in der Wüste gibt es dort ein paar Monate lang intensiven Niederschlag. Aber auch andere Klima- und Vegetationszonen bergen so ihre Schwierigkeiten:

Frage: Warum gibt es in der Tundra keine hohen Bäume?

Antwort: Die Bäume rutschen auf dem sumpfigen Boden manchmal etwas tiefer. Außerdem können die Bäume nicht hinter einem Hügel Schutz suchen, wenn es einen Eissturm gibt.

Aufgabe: Beschreibe das Klima in den Subtropen.

Antwort: In den Subtropen ist es im Sommer Winter.

Im Hochsommer, bei 36 Grad Außentemperatur, fragte ein Schüler:

»Frau XY, gehen wir heute raus? Bin die Treppe hoch und hab mich gefühlt wie in der Arktis.«

Frage: Wie sind diese Dünen entstanden?
Antwort: Sie haben sich nach und nach festgesetzt, manche sind auch eingewandert.

Manchmal ist für Schüler aber auch einfach der Umriss eines Kontinents ein Grund, ihn abzulehnen. Etwa, wenn man ihn zeichnen soll.

Die Klasse soll den Umriss von Südamerika zeichnen.

Schüler: Südamerika ist hässlich.
Lehrer: Du beleidigst gerade die Azteken.
Schüler: Arzttheken? Die werden heutzutage Apotheken genannt.
Klasse 11, Gymnasium

Auch über Indien merken sich die Schüler Kurioses. Nicht völlig falsch sind diese Antworten, aber trotzdem haarscharf danebenformuliert und damit nicht ganz so gymnasial, wie sie eigentlich sein sollten.

»In Indien merkt man ziemlich stark die Ergebnisse des Monsuns: Obdachlose und Tote werden jeden Spätsommer gefunden.«
Klasse 9, Gymnasium

»In Indien ist das Prestigeprodukt der Kindersegen.«
Klasse 9, Gymnasium

»Die Leute mögen nicht mehr am Hungertuch nagen.«
Klasse 9, Gymnasium

Der Entwicklungsstand von Ländern hängt natürlich mit ihrer Geschichte zusammen – auch das wird in Geografie klar. Oder auch nicht. In dieser mündlichen Abiturprüfung ging es um die Kolonialzeit:

Lehrer: Dann erklären Sie bitte die Dependenztheorie.
Schüler: Hmmm.
Lehrer: Na, denken Sie doch mal, Dependenz ... Abhängigkeit ... abhängen ...
Schüler: Ach ja, weil die da alle immer bloß abhängen und nix arbeiten.
Klasse 12, mündliche Abiturprüfung

Chillen statt aufpassen tun auch viele Kinder im **Musikunterricht**. Zwar kann man sich bei Musik wunderbar entspannen, doch wenn es um Instrumente geht, Tonhöhen und Komponisten, sollten Schüler ruhig die Konzentration etwas mehr aufdrehen. Viel Spaß nun mit Pastopiano und dem Lied »Toter Jakob«.

MUSIK-UNTERRICHT
H&B
OHNE-MUSIK-UNTERRICHT

»Haydn zog mit sieben Jahren ins Internet«: Dissonanzen im Musikunterricht

Es ist ja nicht so, dass Schüler kein Interesse an Musik hätten. Sie durchforsten Streaming-Dienste nach Lieblingssongs, lernen Lyrics auswendig und schleppen USB-Boxen über den Schulhof. Hausaufgaben werden bei voller Beschallung erledigt, und manch einer träumt womöglich davon, ein Popstar zu werden. Doch irgendwie versäumt es der Musikunterricht, diese Begeisterung zu nutzen. Ab Klasse fünf geht es um Komponisten, Instrumente, Taktarten und italienischsprachige Bezeichnungen für die Dynamik. Ist es verwunderlich, dass das kaum jemanden mitreißt? Da wünscht man sich doch, die Kultusminister oder Musiklehrer hätten mal im Netz vorbeigeschaut, um zu sehen, wie man den Sog der Popmusik nutzen könnte. Einen kleinen Vorteil in diesem Fach haben jene Kids, die schon mit zwei Jahren in der musikalischen Früherziehung aufs Xylofon hauten und noch vor der Einschulung ans erste Instrument herangeführt wurden. Die kommen später nämlich eher nicht auf die Idee, die Melodie von »Toter Jakob« im »Olivienschlüssel« mit »etwa 30 km/h« zu spielen – aber ganz »pianopissia«.

Von Oktapfen und Komponisten, die in Leipzig gewürgt haben

Sogar, wenn ein Kind früh vors Klavier gesetzt wird oder die Blockflöte in die Hand gedrückt bekommt, kennt es letztlich nur sein eigenes Instrument. Im Schulunterricht aber ist die ganze Systematik gefragt: Tasten, Saiten, Membranen und Luftströme, dazu noch die Singstimme. Offenbar ist das alles ziemlich verwirrend und leicht zu verwechseln. Und dann wird es auch noch so schnell schlüpfrig in der Unterstufe, wenn nur mal jemand den STÄNDER holen soll. Oder ein BLASinstrument beherrscht. Was ist da nur los, haben die alle mit dem LimonCELLO gespielt?

Aufgabe: Beschreibe den Vorgang des Singens.
Antwort: Wenn man singt, dann beginnen die Schamlippen zu vibrieren.
Klasse 5, Realschule

Lehrerin: Ich brauche noch einen Ständer.
Allgemeines Gelächter in der Klasse.
Lehrerin: Für das Mikrofon im Musikunterricht!

Aufgabe: Nenne drei Streichinstrumente!
Antwort: Geige, Bratsche, Limoncello.
Klasse 7

Und wenn man nicht mehr weiterweiß, kann man immer noch frei assoziieren. Vielleicht trifft man ja blind ins Schwarze?

Thema Saxofon:

Frage: Weiß einer von euch, aus welchem Land der Adolphe Sax kam?
Antwort: Ja, klar – aus Saxen.
Klasse 6, Realschule

Lückentext: Stradivari und Guarneri sind ...?
Antwort: Wörter, von denen ich leider keine Ahnung habe. Hören sich an wie Nudelsorten?
Klasse 6

Mmhmm, ein paar Stradivari mit Pesto und Parmesan, das klingt doch ganz lecker. Und der Bogen dient dann als Gabel?

»Die Streichinstrumente werden mit einem Bogen gestrichen, der mit dem Kinn bespannt ist.«
Klasse 5

Folgende Instrumente und Instrumententeile sind übrigens Kreationen aus fünften und sechsten Klassen. Erahnen Sie, was gemeint ist?

- Kieborte
- Pikassoinstrument
- Stamstamdram
- Händetomtom
- Xyültefon
- Windtiehle

Hier die Auflösung: Gemeint sind Keyboards, Percussion-Instrument, Stand-Tomtom, Hänge-Tomtom, Xylofon und die Ventile an Blechblasinstrumenten.

Neben Instrumenten hat die Singstimme für die Tonerzeugung eine herausragende Bedeutung, denn sie vereint Melodie und Sprache. Und nicht nur das:

> »Arie ist eine Gesangsart, bei der mit viel Gestiken gesungen wird.«

> **Frage:** Was verstehst du unter Vokalmusik?
> **Antwort 1:** Ein Lied mit Vokabeln, das heißt Singen und dabei Reden ausführen.
> **Antwort 2:** Wenn ein Sänger nur die Mundbewegung macht und hinter der Bühne jemand sinkt.

Oje, da sollte eher jemand vor Scham in den Boden sinken statt hinter der Bühne. Andere Schüler lassen dafür mit ihrer kreativen Rechtschreibung das Leben von Komponisten richtig spannend wirken:

> »Mit sieben Jahren zog Joseph Haydn nach Wien ins Internet.«

> »In Leipzig haben viele Komponisten gelebt und gewürgt.«

Auch was Tonhöhen, Tondauer und Tonlautstärke angeht, gibt es sehr erfinderische Geister. Die Abkürzungen *pp* und *mf*, die für die Vortragsbezeichnungen pianissimo (sehr leise) und mezzoforte (mittellaut) stehen, übersetzten Zehn- bis 13-Jährige in folgende hübsche Wortschöpfungen:

- pianopiano
- pastopiano
- piantomissimo
- pianossimus
- pianopissia
- pizzopiano
- pinsepiano
- mezzipanto
- ma piano
- montepuante

Und, was ist Ihr Favorit? Wäre »Pastopiano« nicht ein prima Name für ein Stradivari-Restaurant? Noch mehr italienisches Essen gibt es auch unter den Notenschlüsseln:

Frage: Welche Wörter für den am häufigsten verwendeten Notenschlüssel kennst du?
Antwort: Olivienschlüssel und Gehschlüssel.
Klasse 5

In der Musiktheorie haben auch die Abstände zwischen zwei Tonhöhen eigene Bezeichnungen.

Frage: Wie bezeichnet man das Intervall der achten Stufe?
Antwort: Oktapfe.
Klasse 6

Wenn eine Komposition für eine andere Besetzung umgeschrieben oder ein Stück leicht verändert wird, nennt man das ein Arrangement. Nicht alle denken aber bei diesem Wort an ein Musikstück.

Frage: Was versteht man unter einem Arrangement?
Antwort: Das ist jemand, der auf sein Aussehen ganz dolle achtet.
Klasse 6

Look good, feel good! Mit Musik hat das freilich nichts zu tun. Wenn derselbe Schüler dann noch eine Taktart beschreiben soll, klingt das so:

Aufgabe: Erkläre die Taktart: 4/4
Antwort: Fier fiertel heißt: Fon zum Beispiel

4 Stücken eines Kuchens sind jetzt immer noch fier von fier da.

Alternde Lehrer und ein toter Jakob: Musikunterricht kann auch morbide werden, wenn es zur Spiel- und Hörpraxis kommt. Hier ein paar Beispiele:

Lehrkraft spielt im Bläserensemble das Lied »Bruder Jakob« vor und fragt, ob es jemand kenne.

Schüler: Ich! Das Lied heißt Toter Jakob.
Klasse 6

Lehrkraft trifft beim Singen einer hohen Tonlage die Töne nicht richtig.

Lehrerin: Eigentlich bin ich ja Alt …
Schüler: Nein! Du bist noch gar nicht zu alt!
Grundschule

Wenn es in der Musik um Tempo geht, bezieht man sich in der Klassik auf Metronomschläge und in der Popmusik auf *beats per minute*. Irgendeines dieser Soundwörter wäre hier wohl richtig gewesen – aber eben nicht halb so anschaulich:

Die Klasse soll ein Hörbeispiel beschreiben.

Aufgabe: Benenn das Tempo doch mal.

Antwort: Joah, ist schon schnell. So 30 km/h mindestens.

Klasse 7

Nach einem Hörspiel über Blasinstrumente:

Lehrer: Welches Instrument war das jetzt?
Schüler: E-Gitarre.

Klasse 9, Realgymnasium

Weiter geht's mit unserem Lieblingskapitel – den Blamagen aus dem **Biologieunterricht**. Es geht um Tiere und Pflanzen, die es eigentlich gar nicht gibt, um den menschlichen Organismus und seine Krankheiten und um, hihi, Sexualkunde. Zum Schlapplachen!

H&B

»Warmblüter machen warme Milch«: Bizarres aus der Biologie

Offenbar hat man im Biologie-Unterricht am meisten zu lachen. Zumindest berichten Pädagogen dieses Fachs mit am häufigsten von verrückten *fails* ihrer Schüler. Zugegeben, in Bio mal ein wenig zu raten liegt nahe, schließlich hat doch jeder das Gefühl, von dem einen oder anderen Thema schon mal etwas mitbekommen zu haben. Zum Beispiel, wenn es um Wirbeltiere geht: Die heißen sicher so, weil um sie immer ziemlich viel Wirbel gemacht wird? Und Kartoffeln – klar, die erkennt man am geruchlosen Geruch. Und wenn dann Blattquerschnitte von Pflanzen, erste Säugetiere, die Anatomie des Menschen und Ansätze der Fotosynthese bewältigt sind, dann kommt ja noch, hihi, die Sexualkunde, hihi. Klar, dass es da viel zu lachen gibt. In der vierten Klasse wird die Fortpflanzung des Menschen erstmalig angeschnitten, ist ja auch wichtig, denn: »Sexualkunde brauchst du, um schwanger zu werden.« In der sechsten Klasse wird's bereits konkreter, da wissen die Kinder dann schon, dass beim Orgasmus (hihi) der rechte Hoden des Mannes in den Eierstock der Frau rutscht. Oops! Wir hoffen sehr, dass sich das bis zur Abiturprüfung wieder verwächst.

Fantastische Tierwesen

Biologieunterricht fängt in der ersten Klasse superputzig an und heißt zunächst noch Sachkunde. Es geht erst mal darum, Tiere und Pflanzen aus der alltäglichen Umgebung kennenzulernen. Oft werden Igel oder Eichhörnchen thematisiert, manchmal auch Kohlmeise oder Maulwurf. Hin und wieder auch die Schnecke, aber die hat natürlich weniger Kuschelfaktor. Später kommen größere Tiere hinzu: Hund, Katze, Kuh, Pferd. Das Tolle daran: Aus normalen Haus- und Nutztieren, aber auch aus Insekten und Schädlingen erschaffen Schüler die aberwitzigsten Wesen.

Frage: Wofür werden Kaltblüter, Warmblüter und Vollblüter genutzt?
Antwort: Kaltblüter machen kalte Milch. Warmblüter machen warme Milch. Vollblüter machen volle Milch.
Klasse 5, Hauptschule

Aufgabe: Der Körperbau des Hundes zeigt viel über sein Jagdverhalten. Beschreibe dies.
Antwort: Man erkennt an dem Hund, dass er kein Elefant ist, weil der Hund keinen Rüssel hat.
Klasse 5

Frage: Von welchem Wildtier stammt das Rind ab?
Antwort: Hornochse.
(Die richtige Antwort wäre »Auerochse« gewesen.)

Aufgabe: Erkläre die Begriffe Nesthocker und Nestflüchter.
Antwort: Die Störche sind Nesthocker. Die Pferde nicht.

Wie jetzt, der Hund hat KEINEN Rüssel? Das ist nicht eine geradezu bahnbrechende Erkenntnis für einen Zehnjährigen. Dabei geht es hier noch um des Menschen besten Freund. Was für Geschichten ranken sich dann erst um Wildtiere?

Frage: Was kannst du mir über das Reh erzählen?
Antwort: Das Reh heißt mit Familiennamen Hirsch.

Frage: Warum haben Hirsche so ein großes Geweih?
Antwort: Das Geweih ist für die Paarung.
Klasse 3

»Im Herbst saß der Bär öfters unter dem Apfelbaum und wollte hochklettern. Doch Bären sind fast wie Vegetarier und fallen immer wieder runter.«

Frage: Wovon ernähren sich Koalabären?
Antwort: Von den Blättern vom Apokalypsusbaum.
Klasse 9

Frage: Weiß jemand, wofür die Abkürzung WWF steht?
Antwort: World Wide Fiecher!
Klasse 10, Gymnasium

Frage: Was ist der Unterschied zwischen Winterschlaf und Winterruhe?
Antwort: Das ist etwa wie zwei Prozent Akku und Flugmodus.
Klasse 11, Gymnasium

Letzteres ist eigentlich fast schon genial. Das totale Rätselraten fängt spätestens an, wenn es um Wassertiere und Vögel geht. Deren Spezifikationen sind offenbar nicht unbedingt geläufig. Nicht mal dann, wenn alles im Unterricht bereits durchgekaut wurde.

Frage: Warum ist es für den Frosch auch außerhalb des Wassers wichtig, die Nase schließen zu können?
Antwort: Wenn es regnet, läuft ja Wasser in die Nase, und deshalb schließt er auch dann die Nase.
Klasse 6

»Der Hecht ist der Doktor im Wasser. Er frisst die Kranken und Schwachen.«

Aufgabe: Vergleiche die Fortpflanzungsweise von Vögeln und Amphibien.

Antwort 1: Vögel brüten ihre Jungen aus, und Amphibien bringen sie in Leichen.
Antwort 2: Die Vögel sind in ihrem Leben viel am Arbeiten. Die Amphibien gehen das Leben langsamer an und haben Winterstarre.
Klasse 6, Gymnasium

Aufgabe: Nenne Merkmale von Wirbeltieren!
Antwort: Wirbeltiere sind Tiere, die im Wasser leben und den Boden aufwirbeln.
Klasse 6

Man kann sich lebhaft vorstellen, wie unfreiwillige Komik das Korrigieren von Tests auflockert. Manchmal reicht für einen Brüller schon ein einziger falscher Buchstabe:

Frage: Welche Funktion hat die Schwimmblase bei einem Fisch?
Antwort: Je tiefer der Fisch singt, desto mehr Druck bekommt er auf die Blase.
Klasse 8

Und auch wenn Einzeller nur aus einer Zelle bestehen, kann noch jede Menge leeres Zeug geschwafelt werden. Zehntklässler, die nicht mehr weiterwissen, sagen verstrahlte Dinge wie:

Frage: Weshalb besitzt Actinophrys sol keine kontraktile Vakuole?

Antwort: Da salzhaltiges Gewässer keine kontraktilen Vakuolen braucht, brauchen die Sonnentierchen auch keine für eine Diffusion zwischen dem salzhaltigen Wasser und den Sonnentierchen.

Klasse 10

Zum Hintergrund: *Actinophrys sol* ist ein einzelliges Lebewesen. Rund um den kugelförmigen Kern stehen strahlenartige Fortsätze ab, sodass die Einzeller in der Form einer Sonne ähneln. Deshalb nennt man sie auch Sonnentierchen. Kontraktile Vakuolen sind Bläschen, die den Zellen zur Wasserausscheidung dienen, etwa bei den Pantoffeltierchen.

»Da Pantoffeltierchen normalerweise in Süßwasser leben und Süßwasser normalerweise keine oder eine ganz geringe Salzkonzentration besitzt, passiert in Süßwasser eine Diffusion mit den Pantoffeltierchen und dem Süßwasser.«

»Die Endosymbiontentheorie besagt, dass Organellen wie Mitochondrien einst selbstständige Prokaryonten gewesen sind und dann mit einem Eucyt gegangen sind.«

Klasse 10

Äh, ja. Oder so ähnlich. Falls Sie sich da auch nicht so auskennen: Es geht um Evolution und die Weiterentwicklung von Einzellern, also Theorien, die mit einer hohen Dichte von Fachbegriffen einhergehen. Da kann man ja mal was verwechseln. Einfacher klingt die folgende Frage, doch ob es für die Antwort viele Punkte gab?

Frage: Sind Roboter Lebewesen?
Antwort: Nein, ein Roboter ist kein Lebewesen, da er nicht sterben kann, und das ist eine Sache, die ein Lebewesen können sollte.
Klasse 5

Anatomie des Menschen: Die Leber im Schädel

Natürlich ist es absolut wichtig, die menschliche Anatomie zu erlernen. Da lebt doch jeder tagtäglich im eigenen Körper – aber wie der genau funktioniert, bleibt ein Rätsel. Noch in der fünften Klasse sitzen wichtige Organe im Kopf, und ihre Atmung verrichten Menschen heimlich an stillen Örtchen. Ernsthaft?

Frage: Welche Organe schützt der Schädel?
Antwort: Herz und Leber.
Klasse 5

Frage: Was im Körper nimmt den Sauerstoff auf?
Antwort: Die Nase?
Klasse 9, Gymnasium

Lehrer: Man spricht zwar von einem Vakuum im Hirn, aber das stimmt nicht.
Schüler: Doch!
Lehrer: Okay, bei dir, ja.
Klasse 9, Realschule

Lehrer: Je zähflüssiger das Zellplasma ist, desto weniger Wasser ist vorhanden. Das bedeutet, dass ihr langsamer beziehungsweise weniger denken könnt, wenn es warm ist und ihr nicht genug trinkt, weil der Stoffwechsel dann nicht so schnell geht wie sonst.
Schüler: Denken Bakterien dann auch so langsam, wenn das Zellplasma zähflüssig ist?
Klasse 11, Gymnasium

Frage: Wie sind Nervenzellen aufgebaut?
Antwort: Nerven gibt es in verschiedenen Ausführungen. Am besten sind natürlich die aus Stahl.

Nerven wie Drahtseile wünscht man demjenigen, der die folgenden Antworten lesen musste. Über Zähne, Zunge und den Geschmackssinn kursieren erstaunliche Legenden:

Aufgabe: Welche Geschmacksrichtungen kann die Zunge unterscheiden? Kreuze an.
Antwort: sauer, süß, stachelig
Klasse 3

Frage: Wie viele Zähne hat ein Milchgebiss?
Antwort: 28.
Frage: Wie viele Zähne hat das bleibende Gebiss?
Antwort: Vier.
Klasse 3

Nun, wenn man nur lange genug wartet, könnte diese Aussage tatsächlich zutreffen. Der Körper birgt derweil noch mehr Anlass für anatomische Fehlinformationen:

»Die geheimnisvollste Gegend des weiblichen Körpers ist die Leibesmitte. Da gibt es Öffnungen, von denen niemand weiß, wo sie eigentlich hinführen.«

Frage: Was passiert mit der Flüssigkeit, die wir beim Trinken aufnehmen?
Antwort: Sie fällt in den Magen, dort schwappt sie über und läuft in den ganzen Körper.
Klasse 11

»Die frische Luft kommt in die Lunge. Ist sie verbraucht, so muss man sie an einem stillen Örtchen von sich geben.«

In den weiterführenden Schulen werden die Inhalte dann komplizierter und die Dichte an Fremdwörtern größer. Logisch, dass da mal was danebengeht. Schon kleine Fehler in der Rechtschreibung können einen großen Effekt haben.

Frage: Wofür ist die Transpiration gut?
Antwort: Das Wasser sorgt bei der Wärmeregulation für Wärmeabgabe. Das geschieht zum Beispiel durch Schweiz.

Aufgabe: Definiere die Begriffe Primär-, Sekundär-, Tertiär- und Quartärstruktur von Eiweißen.
Antwort: Eiweiße sind Verbindungen von vielen Proteinen.
Klasse 10

Die Masern wurden herausoperiert

Zu alldem kommen irgendwann noch Bakterien, Viren und Gifte hinzu, die nicht nur dem menschlichen Körper zu schaffen machen, sondern auch der Bio-Note. Manchmal sind die Erreger sehr wählerisch und befallen nur bestimmte Berufsgruppen, andere erschweren die Partnersuche:

Frage: Wie kann HIV übertragen werden?
Antwort: HIV kann durch Geschlechtsverkehr übertragen werden, egal ob oral, vaginal oder horizontal.
Klasse 8

»Auf dem Lande sind die häufigsten Krankheiten die Viehseuchen. Für den Menschen sind sie aber völlig ungefährlich, weil nur Bauern davon betroffen sind.«

»Lebt ein junges Mädchen zu lange ohne Licht und Luft, so kriegt sie erst Bazillen und dann keinen Mann mehr.«

Lehrer: Was wisst ihr denn über Viren?
Schüler 1: Sie sind klein.
Schüler 2: Sie sind BÖSE.
Klasse 11, Gymnasium

Zu viel Anstrengung sollte man übrigens vermeiden, denn:

»Gifte für das Herz sind Kaffee, Tee, Alkohol und Arbeit.«

»Es ist ungesund, beim Essen fernzusehen.
Beim Fernsehen kann man aber ruhig essen.«

Um zu erfahren, ob es endgültig mit einem vorbei ist, gibt es einen guten Kniff:

»Wenn man mit der rechten Hand am linken Puls fühlt und nichts spürt, ist man tot.«

Gegen Krankheiten lässt sich zum Glück etwas tun, etwa durch Impfung. Das ist zum einen kurzweilig für Ärzte, zum anderen scheinen manche Schüler die Hoffnung zu hegen, man könnte auch gegen Unwissenheit immunisiert werden. Zur Not operiert man einfach alles weg, was stört:

»Männer werden in den Oberarm geimpft, Frauen in den Oberschenkel, sonst wäre es den Ärzten zu langweilig.«

Frage: Was ist aktive Immunisierung?
Antwort: Es können und sollen nebenbei auch Gehirnzellen gebildet werden.
Klasse 9

»Einem wurde der Blinddarm rausgenommen und den anderen zwei die Masern.«
Klasse 6

Eine Lehrerin berichtete, dass sie mit ihren Achtklässlern im Rahmen des Themas Ernährung den Film »Super Size Me« angeschaut habe. Darin macht US-Regisseur Morgan Spurlock einen Selbstversuch: Er isst einen Monat lang nur Fast Food. Nach dem Film sollten die Schüler notieren, welche Veränderungen Spurlock an sich bemerkte. Ein Schüler berichtete von den Schwierigkeiten beim Sex: »Er kann keine erektion bekommen.«

Lehrerin: »Erektion« wird großgeschrieben. Kennst du dafür nicht die Regel, die man in der Grundschule lernt?
Schüler: ...?
Lehrerin: Alles, was man anfassen kann, wird großgeschrieben.

Für diese Pointe erntete die Pädagogin viel Gejohle und einige Daumen hoch. Und damit wären wir beim Thema mit der höchsten Wahrscheinlichkeit für hochnotpeinliche Schülerantworten angekommen: der Sexualkunde. Sie bringt aufs Tapet, was Jugendliche wirklich unter keinen Umständen mit ihren Lehrern besprechen möchten. Alles, was in der Pubertät so faszinierend irritiert, muss nun ausgesprochen und aufgeschrieben werden.

Sexualkunde: Schiebehaut und Violine

Steht Sexualkunde an, tönen immer wieder Kids (vor allem Jungs) lautstark herum, für diesen Themenbereich brauchten sie ja gar nicht zu lernen, sie seien ja, hihi, bereits Experten mit ihren zwölf Jahren. Tenor: »Endlich kann ich meine Bio-Note aufbessern!« Dass Jugendliche früher in Kontakt mit Sexualität kommen, als vielen Eltern lieb ist, und einige schon im Grundschulalter erste Nacktbilder tauschen oder Pornos sehen, wird wohl stimmen. Haben sie deshalb irgendwas verstanden? Nicht unbedingt. In der ersten Klasse klingt das noch ganz niedlich:

> **Frage:** Woran erkennt man denn eine schwangere Frau, die bald ein Kind zur Welt bringt?
> **Klasse, einhellig:** Am dicken Bauch!
> **Schüler:** Das stimmt nicht. Mein Vater hat schon lange einen dicken Bauch. Aber da kommt noch immer nix.

Drei Jahre später wird dann klar, woran es lag: nicht genug Sexualkunde!

Schüler: Haben wir in der vierten Klasse Sexualkunde?
Lehrerin: Ja.
Kind geht zum Platz zurück und berichtet den Klassenkameraden:
Schüler: Sexualkunde brauchst du, um schwanger zu werden.

Tja. Das meiste, was auf dem Pausenhof über Sex kursiert oder im Internet an Aufklärung zusammengesucht wird, dürfte in die Kategorie »gefährliches Halbwissen« fallen. Das fängt schon an, wenn die menschliche Anatomie benannt werden soll. Folgende Körperteile haben Viertklässler aus Norddeutschland im Unterricht neu entdeckt:

- Achselhölle
- Samenblase
- Hahnblase
- Sam Röre
- Seide
- Gebermutter
- Bad (gemeint: Bart)
- Teilchen (gemeint: Taille)

Frage: Wie nennt man das weibliche Geschlechtsorgan?
Antwort: Violine.
Klasse 3

Nach einem Sexualkunde-Test unterhalten sich zwei Schülerinnen in der Pause:

> **Schülerin 1:** Das mit dem Penis habe ich nicht mehr richtig gewusst. Da habe ich einfach an den Pfeil »Schiebehaut« drangeschrieben.
> **Schülerin 2:** Das heißt nicht »Schiebehaut«, das heißt »Hornhaut«.
> *Klasse 3*

In der Pubertät passieren dann die seltsamsten Dinge. Alles sprießt und wächst und reift, stressigerweise bei Mädchen noch mal anders als bei Jungs, und das ist total verwirrend, weshalb viele da einiges durcheinanderbringen. Was den Haarwuchs angeht, zum Beispiel. Zum Glück ist es jedoch nicht ganz so schlimm, wie diese Viertklässler annehmen:

> »Es wachsen Haare in der Scheide.«

> »Bei Mädchen werden die Hüften breiter, und es wachsen Schamhaare am Glied und unter den Achseln.«

> »Die Jungs kriegen auch Achsen.«

> »Es sprießen Barthaare auch unter den Armen.«

Die Pubertät ist eben eine haarige Angelegenheit. Auch die Gesichtshaut bleibt nicht verschont in dieser Phase – hier eine Auswahl aus dem bunten Strauß der Hautveränderungen, zusammengetragen von Schülern der siebten und achten Klasse:

»Die Haut wird noch weicher.«

»Die Haut wird schlabbriger.«

»Die Haut wird blasser.«

»Die Haut produziert mehr Teig.«

Nicht nur körperlich, auch psychisch passiert in der Pubertät viel. Das Gehirn wird im Prinzip komplett umgebaut, die Gefühlslage ist manchmal sehr schwankend. Lehrer versuchen im Rahmen des Sexualkundeunterrichts, die Kinder ganz behutsam darauf vorzubereiten. Nicht alles davon wird jedoch korrekt abgespeichert. Die folgenden Beschreibungen sind nicht völlig daneben – sie nehmen bloß inhaltlich eine Art Abkürzung:

»Sie fühlen Liebe, und es ist ihnen nicht mehr peinlich, nackt rumzulaufen.«

»Zwischen 12 und 13 muss man sich jeden Tag gründlich waschen.«

»Die meisten Mädchen werden zickig. Manche Mädchen machen Blödsinn.«

»Die Frau wird eindrucksvoller.«

»Du bekommst mehr Wissen.«

»Man möchte mehr über Gott sprechen.«

»Das Mädchen erkennt, dass der Junge ein Glied mehr hat wie sie.«

Zum Glück nur ein Glied mehr! Richtig abgefahrene Gerüchte verbreiten sich auch unter Schülern, wenn es um den weiblichen Zyklus, den Zeugungsvorgang und Verhütung geht. Da klingen die Antworten von Zehntklässlern übrigens nicht viel besser als die von Grundschülern:

Frage: Wer weiß noch das schwierige Wort für Periode oder die Tage?
Antwort: Demonstration.
Klasse 3

Aus einem Lückentext zum Thema »Zyklus der Frau«:

»Frauen tragen Einlagen oder Stöpsel, um die Kleidung vor Blut zu schützen.«
Klasse 6

Frage: Welches orale Verhütungsmittel kennst du?
Antwort: Viagra.
Klasse 10, Gymnasium

Frage: Was passiert beim Eisprung?
Antwort: Die Eizelle schwimmt durch das Fruchtwasser in die Gebärmutter.
Klasse 7, Realschule

Frage: Was passiert beim Orgasmus?
Antwort: Der rechte Hoden des Mannes rutscht in den Eierstock der Frau.
Klasse 6

Warum gibt es überhaupt Geschlechtsorgane in zweifacher Ausführung, Hoden rechts und links, Eierstöcke rechts und links? Ein Schüler hatte dazu eine ganz eigene Theorie. Die Lehrerin wusste bei dieser Frage eines Viertklässlers nach eigenen Angaben erst einmal nicht weiter:

»Wenn die Eizelle im linken Eierstock der Frau reif wird, wird das Baby dann ein Linkshänder?«

Ebenfalls in einer vierten Klasse wussten die Schüler das Gelernte gleich anzuwenden. Während des Sexualkundeunterrichts schlurfte ein Kind gemütlich zum Mülleimer, um seinen Bleistift anzuspitzen. Ein Klassenkamerad kommentiert:

»Drei Millionen Spermien, und es ist kaum zu glauben, dass du das schnellste gewesen sein sollst.«

In einer dritten Klasse wird die Entwicklung von der Eizelle zum Baby besprochen. Der Lehrer wiederholt: »Zuerst ist es eine Eizelle, wenn sie befruchtet wird, nennt man es Embryo, dann entwickelt es sich zum Fötus, und wenn es geboren ist, nennt man es Baby.«

> **Lehrer:** Nun mal das Ganze umgekehrt. Wenn es geboren ist, nennt man es ...?
> **Schüler:** Baby.
> **Lehrer:** Davor war es ein ...?
> **Schüler:** Fötus.
> **Lehrer:** Und davor?
> **Schüler:** Embryo, und davor war es eine Erdbeere.

Anschließend kommen noch dieser komplizierte Geburtsvorgang und die noch kompliziertere Genetik. Glücklicherweise gibt es für die Geburt ein paar hilfreiche Körperteile, etwa Blasen und Venen, und bei der Vererbungslehre muss man sich nur an die Männer wenden, die dominieren ja sowieso alles.

> **Frage:** Was sind erste Anzeichen einer bevorstehenden Geburt?
> **Antwort:** Die Mutter merkt, dass die Geburt naht, wenn die Venen geplatzt sind.

> **Frage:** Wer hilft der Frau bei der Geburt?
> **Antwort:** Die Fruchtblase.

Frage: Warum nennt man dies einen dominant-rezessiven Erbgang?
Antwort: Weil der Mann dominant ist und es immer einen Dominanten geben wird in der Familie.

Aufgabe: Erkläre den Begriff »Genotyp«.
Antwort: Das ist ein Typ, der alle Merkmale gleich macht.

Man sieht: Obwohl sich Schüler gern als Sexualkunde-Experten bezeichnen, klafft noch die eine oder andere Lücke. Wir hoffen, dass sich bis zur aktiven Umsetzung des Themas da noch etwas tut.

Die Gemüse gekreuzigt

Jetzt kommt eine wichtige Mitteilung an alle Schülerinnen und Schüler: Pflanzen und ihre Lebensräume sind ein dankbares Feld. Sie lassen sich überall beobachten, pflücken, mikroskopieren, züchten, essen – und ohne sie gäbe es keinen Sauerstoff zum Atmen. Die grünen Pflanzen wandeln die Kraft der Sonne in Energie um, die alle Menschen und Tiere ernährt. Pflanzen sind absolut lebenswichtig, das kann nicht oft genug gesagt werden. Besonders den Urhebern der folgenden, teils abenteuerlichen Antworten.

Aus einem Test zum Thema »Blüten und Früchte«:

Aufgabe: Erkläre, wie aus einer Kirschblüte eine Kirschfrucht wird.
Antwort: Die Biene bestäubt die Frucht, die Biene zieht was aus dem Pollenschlauch raus, und dann fällt die Kirsche ab.
Klasse 6, Oberschule

Frage: Worum handelt es sich bei dieser Schemazeichnung?
Antwort: Die Zeichnung befindet sich in einer Blüte. Sie dient der Vermehrung der Pflanze.
Klasse 8

Aus einem Test zum Thema »Nutzpflanzen«:

Aufgabe: Erkläre eine der Methoden bei der Züchtung von Pflanzen.
Antwort: Experten haben sich zwei der besten Gemüsesorten ausgesucht und sie gekreuzigt, um größeres und dickeres Gemüse zu erschaffen.
Klasse 8

Aufgabe: Erkläre, warum die Nahrungskette vom

Eichenblatt zum Sperber ein geschlossener Stoffkreislauf ist.
Antwort: Das ist wie beim Fahrrad. Wenn die Kette reißt, geht es nicht mehr weiter.
Klasse 6

Aus einer Klassenarbeit zum Thema »Getreide« stammen folgende Formulierungen:

»Wenn das Getreide stäubt, so befruchtet es die anderen. Aber meist befruchtet es sich selbst. Die Staubbeutel enthalten Blütenstaub. Das Getreide enthält Kartoffelmehl.«

»In der Natur kommt Stärke in der Kartoffel vor. Sie ist geschmacklos und geruchlos. Sie sieht weiß-grau aus. Man erkennt sie an ihrem geruchlosen Geruch.«

Klassenarbeit zum Thema »Ökosystem Wald«:

Aufgabe: Erkläre, wie Jahresringe entstehen.
Antwort: Sie kommen von den Wechseljahren.
Klasse 7, Gymnasium

Zum Thema »Binnengewässer«:

Aufgabe: Ein See, in den eine einstufige Kläranlage mündet, hat die Gewässergüteklasse III. In heißen

Sommern kommt es oft zu Fischsterben. Diskutiere, was langfristig zu tun wäre.
Antwort: Meiner Meinung nach müsste man eine andere Lösung für die Entsorgung der Kläranlage finden.
Klasse 8

Ab der Mittelstufe wird auch der Unterricht über Umwelt und Pflanzen abstrakter. Jetzt geht es um die Abläufe in Zellen, um Fotosynthese und den Unterschied zu Mikroorganismen. Umso abenteuerlicher, was daraus erwächst. Wir stellen vor: tierische Pflanzen, Pflanzen mit Muskelzellen – und einen US-Präsidenten, der nicht an Sauerstoff glaubt.

Aus einem Test über Mitochondrien:

Aufgabe: Erklären Sie, wieso Pflanzen dieses Organell haben.
Antwort: Das Mitochondrium ist bei pflanzlichen als auch bei tierischen Zellen häufig in Muskelzellen zu finden.
Klasse 10

Aus einer Klassenarbeit über Einzeller:

»Man erntet die Hefe. Sie wächst auf dem Feld und ist oftmals zu sehen. Die Hefe braucht viel Sonne und viel Wasser. Sind die zwei Bedingungen nicht da, wächst sie auch nicht so gut und bleibt unreif.«

Frage: Was braucht die Pflanze zur Fotosynthese?
Antwort: Eine Wurzel?
Klasse 10

Frage: Die Fotosynthese ist vor rund 3,5 Milliarden Jahren entstanden, aber vorher gab es ja schon Pflanzen, die haben zwar im Wasser gelebt, aber immerhin. Wie haben die also überlebt?
Antwort: Die haben durch Kiemen geatmet!
Klasse 10, Gymnasium

Frage: Priestleys Experimente zur Fotosynthese sind heute noch aktuell, beschreibe und begründe.
Antwort: Es ist aktuell, weil es noch heute viele Leute gibt, die nicht an den Sauerstoff und das Kohlenstoffdioxid glauben, zum Beispiel Trump.
Klasse 7

Dass Glauben nicht Wissen heißt, merken Lehrer auch im **Deutschunterricht**. Wenn sich Schüler zum Beispiel darüber ärgern, dass der gute erste Eindruck eines Gedichts schnell »zur Nichte« gemacht wird.

Ab nächster Woche lesen wir einen zeitgenössischen Roman.
Wann haben die Zeitgenossen noch mal gelebt?
A&B

»Drama, Lyrik, Erotik«: Blackouts in der Deutschstunde

»Wofür brauche ich Deutsch, kann ich doch schon«, tönt ein Schüler herum und meint damit natürlich nur seinen aktiven Sprachgebrauch. Doch wie viel mehr bedeutet das Fach Deutsch. Lyrik! Drama! Prosa! Leider schalten die Schüler im Fach Deutsch gerne ab (»Kann ich doch schon«), sodass sich noch manche Neuntklässler erkundigen, ob die rhetorischen Figuren wirklich gelebt haben. Wenn es zudem noch Schwierigkeiten mit Grammatik und Rechtschreibung gibt, wird das auch schnell zum Problem in allen anderen Fächern – und im Leben. Wer noch in der Oberstufe »flecksiebel« schreibt oder »die Nachfrage singt«, wird es beim Berufseinstieg zumindest nicht leicht haben. Zugegeben, Jugendliche beziehen ihre Informationen lieber über YouTube als durch das Lesen langer Texte. Doch Texte zu verstehen und zu hinterfragen gehört nun mal zu den wichtigsten Fähigkeiten kritisch denkender Menschen. Die Frage ist nur, ob Schüler diese Fähigkeit immer noch an Friedrich-Dürrenmatt-Lektüre oder Ödön-von-Horvath-Stücken üben sollte. Hat sich die Welt in den vergangenen Jahrzehnten nicht so massiv verändert, dass man die Unterrichtsinhalte für 15-Jährige mal überdenken sollte?

Leben die rhetorischen Figuren?

Neben Rechtschreibung und Grammatik müssen in Deutsch alle literarischen Gattungen behandelt werden, als da wären Gedichte, Dramen und erzählende Literatur, die auch Epik genannt wird. Die hört sich allerdings fast so an wie etwas viiiiiel Wichtigeres im Leben. Daneben erfüllen Schüler offenbar häufig ihren Lieblingsstatus: kp. Kein Plan.

Aus einer Klassenarbeit:

Aufgabe: Nenne die literarischen Gattungen.
Antwort: Drama, Lyrik, Erotik.

Lehrer: Wir behandeln jetzt Loriot, den müsstet ihr aus Deutsch kennen.
Schüler: Ach, geht der auf unsere Schule?
Klasse 11

Schüler: Wir sind mit »Emilia Galotti« am Arsch.
Klasse: Wieso?

Schüler: Ich habe die ersten 30 Seiten gelesen. Da geht's um Mord, Totschlag, Frauenausspannen und Ähnliches. Dazu eine Sprache, die so verständlich ist wie Russisch rückwärts.
Gymnasium

»Diese rhetorischen Figuren – haben die eigentlich wirklich gelebt?«
Klasse 10, Realschule

Autsch. Dabei hatte diese zehnte Klasse bereits drei Wochen lang das Thema »Sprachliche Stilmittel in der Literatur« behandelt. Und damit nicht genug, denn je philosophischer es wird, desto schmerzhafter für die Lehrkräfte:

Thema Diskursführung:

Frage: Welche Elemente beinhaltet die Dialektik?
Antwort: These, Antithese und Prothese.
Oberstufe

Frage: Was ist eine Hypothese?
Antwort: Eine Hypothese ist die längste Seite in einem Quadrat.
Klasse 9

Ja, klar. Klingt ja auch alles so gleich. So gleich wie die Seiten eines Quadrats. Doch sollte man in der Oberstufe nicht wissen, was eine Prothese ist und dass die mit Diskursen nix zu tun hat? Eine beliebte Aufgabenstellung ist auch die **Inhaltsangabe**. Leider fällt dabei immer sofort auf, wer den Text nicht gelesen hat.

Thema »Märchen«, mündliche Diskussion im Unterricht:

> **Lehrkraft:** … und dann wird der Prinz angegriffen, und zwar von …?
> *Läuft mit leicht nach vorn gebeugtem Oberkörper auf die erste Reihe zu.*
> **Schüler:** Von einer Lehrerin?
> *Klasse 9, Realschule*

Thema »Kurzgeschichte«, Wolfgang Borchert, »Die drei dunklen Könige«:

> **Frage:** Dem einen Soldaten sind im Krieg die Zehen erfroren. Um welchen Krieg handelt es sich?
> **Antwort:** Um den Kalten Krieg natürlich!
> *Klasse 8*

> »Wilhelm Tell setzte sich hinter einen Busch, drückte ab, und das Werk der Befreiung war getan.«

> **Aufgabe:** Erkläre die Redensart »Der Apfel fällt nicht weit vom Stamm«.
> **Antwort:** Man soll aufpassen, dass man nicht zu nah an den Stamm geht, wegen der Äpfel.
> *Klasse 6*

Noch schwieriger, als über fremde Texte zu sprechen, ist es, eigene zu schreiben. Besonders in der Grundschule sollen die Kinder viele **Aufsätze** über Tiere, Feste oder Ferienerlebnisse schreiben. Immer wieder lustig, was die so zu Papier bringen.

Letzte Sätze aus einem Schüler-Aufsatz:

> »Und hilf immer wieder einer alten Frau.
> Es kann sein, dass du auf eine Fee stößt.«
> *Klasse 3*

Aufsatz über ein Märchen:

> »Sie haben geheiratet. Und wenn sie leben,
> dann sterben sie morgen.«
> *Klasse 3*

Erlebniserzählung über einen Skikurs:

> »Wir durften niemals alle gleichzeitig auf der Piste sein. Der Lehrer stand mit angestrengtem Gesicht neben den Schülern und ließ nur alle fünf Minuten einen fahren.«

Viele Schüler werden gezwungen, als eine der ersten **Schullektüren** die Novelle »Kleider machen Leute« von Gottfried Keller zu lesen. Positiv ist zu vermerken, dass sie sehr kurz ist, nur etwa zwei Euro kostet und ihr Titel zur Redewendung geworden ist, was es fast unmöglich macht, ihre Kernaussage zu verfehlen. Der Rest der Lektüre scheint jedoch irgendwie toxisch zu wirken, zumindest auf die Gehirnregionen, die für die Rechtschreibung zuständig sind.

> »Der Wirt von der Waage lädt Wenzel ein,
> der später dafür bezahlen will, um nicht einfach zu zechprellen.«

> »Sein Fehler, den er sich zuschulden gekommen hat lassen: die Rolle eines Graphen.«

> »Wenzel sein Charakter ist eher schüchtern trotz dem Wrack, den er trägt.«

Nächste typische Novelle des Mittelstufenunterrichts ist Heinrich von Kleists »Michael Kohlhaas«. Es geht um Freiheit und Unterdrückung, absolutistisches Herrschen, Selbstjustiz. Wer Böses will, könnte jetzt Parallelen zum Schulalltag erkennen. Ebenso wie Schüler befällt nämlich auch Michael Kohlhaas eine Amnesie. Oder war Amnestie gemeint? Ach, egal!

> »Kohlhaas' Pferde werden abgemagert und seine Klagen aus illegalen Gründen abgelehnt, wodurch er etwas angesäuert ist.«

> »Als Sohn eines bodenständigen Schulmeisters verfügt Kohlhaas zudem über die von Frenzel erwähn-

ten charakterlichen Vererbungen bezüglich eines ausgeprägten Gerechtigkeitssinnes.«

»Kohlhaas wird unter Amnesie gestellt.«

Und dann kommt das **Drama**. Und damit ist jetzt mal nicht das Trauerspiel gemeint, das täglich in Klassenarbeiten stattfindet, sondern tatsächlich die literarische Gattung von Texten mit verteilten Rollen und das Sprechtheater. Doch wie lauten noch gleich die Fachbegriffe der Tragödie?

Lehrer: Was haben wir beim Dramenaufbau für einen Anfang?
Schüler: Die Handlung geht hoch?
Lehrer: Na ja, nicht ganz, aber ich weiß, was du meinst. Wie lautet der Fachbegriff?
Schüler: Exposition!
Lehrer: Und dann?
Schüler: Es geht ganz hoch?
Lehrer: Und dann fällt es, oder wie?
Klasse 10, Gymnasium

Theaterbesuch:

Frage: Wie nennt man die Leute, die vor der Bühne in den kleinen Kästen sitzen, um vorzusagen, wenn ein Schauspieler den Text vergessen hat?
Antwort: Flüstertüten.

Die vielleicht kunstvollste Form der Literatur ist die **Lyrik**. Das Analysieren und Interpretieren eines Gedichts ist dabei durchaus nicht nur Auslegungssache. Auch Gedichte folgen bestimmten Gesetzmäßigkeiten. Selbst wenn das für Schüler nicht unbedingt so aussehen mag.

Ein neues Gedicht soll interpretiert werden:

Frage: Vorher noch ganz kurz: Was für Interpretationen gibt es?
Antwort: Unterschiedliche!
Klasse 10, Gymnasium

Frage: Für welches Stilmittel sind »nasser Regen« und »kalter Schnee« Beispiele?
Antwort: Na, so doppelt gemoppelt!
Klasse 10

Gedichtinterpretation:

Schüler: Ich glaube, er will Kinder mit ihr.
Lehrer: Ach so, du bist katholisch? Er will sie nur flachlegen.
Klasse 11, Gymnasium

Im Unterricht soll ein Gemälde beschrieben werden:

Lehrer: Wie ist die Gemütsverfassung dieser Figur?
Schüler 1: Sie schläft.

Lehrer: Ich möchte ihre Gemütsverfassung wissen!
Schüler 2: Sie liegt da?
Klasse 10, Gymnasium

Zum Themenbereich »Karikatur« betrachtet die Klasse das Bild eines Mannes mit Mütze, Weinflasche und Baguette:

Frage: Was entnehmen wir der Zeichnung?
Schüler: Dass alle Franzosen Alkoholiker sind.
Klasse 9, Realschule

Auch Deutschlehrer könnten ein Alkoholproblem bekommen. Nur mit Rotwein kann man es doch überstehen, Klassenarbeiten zum Thema Gedichtinterpretation zu korrigieren, wenn darin so viel verquaster Quatsch – inklusive kreativer Rechtschreibung – zu lesen ist:

»Zu diesem Gedicht viel mir nicht allzu viel ein. Es hat eine äußerlich gute Stimmung.«

»Das Gedicht fängt mit einer einsamen Stimmung an. Daraus entstehen Gefühle, die das Wetter hervorrufen.«

»Die äußere Form des Gedichts ist sehr ordentlich.«

»Man stellt fest, dass es viele Sätze mit durchgehendem Gebrauch von Satzzeichen gibt.«

»Eine Gemeinsamkeit ist die, dass beide Gedichte mit ihren Titeln anfangen.«

»Der positive Eindruck des Gedichts wird schnell zur Nichte gemacht.«

»Das ist eine adverbiale Beschimpfung«

Mal ehrlich, brauchen wir überhaupt Rechtschreibung und Grammatik? Könnten wir nicht alle so schreiben, wie wir wollen? Mitnichten. Es würden so viele lustige Schülerantworten ihre Grundlage verlieren. Fangen wir an mit Verständnisproblemen – einige der schönsten Kalauer beruhen darauf, dass Kinder manche Wörter nicht kennen. Voll nicht schlimm, aber witzig.

In einer Grundschule war die Aufgabe, aus dem Lehrbuch Wörter mit A abzuschreiben. Unter anderem das Wort »Ader«.

Frage: Weißt du denn, was das Wort »Ader« bedeutet?
Schüler: Na klar. Wenn man in der Stadt unterwegs

ist und man sieht jemanden, den man kennt, dann denkt man sich: »Ah, der.«
Klasse 1

Schüler 1: Ich verstehe das nicht. Was heißt Abenteuer?
Schüler 2: Ist einfach: morgens billig, Abend teuer.
Kurs »Deutsch als Fremdsprache«

Frage: Was ist das Gegenteil von pünktlich?
Antwort: Kariert.
Klasse 2

Frage: Was ist ein Sultan?
Antwort: Ein Bewohner von Sylt.
Klasse 4

Außerdem gibt es diese witzigen Rechtschreibfehler, wenn eigentlich nur ein einziger Buchstabe fehlt. Das hat allerdings eine enorme Wirkung:

»Für die Zukunft wünsche ich mir: Menschen sollen weniger Müll in die Umwelt scheißen.«
Klasse 3

Und dann: die verdammten Satzglieder. Aktiv und Passiv. Pronomen und Präpositionen. Willkommen im Reich der Grammatik. Es geht nicht ohne, aber mit ihr hat man es zuweilen verdammt schwer.

»Hier ist das Subjekt, hier das Prädikat, und das ist eine adverbiale Beschimpfung.«

Lehrer: Wo ist in dem Satz das Subjekt?
Schüler: Weiß ich nicht.
Lehrer: Dann frag doch mal nach dem Subjekt.
Schüler: Kann ich bitte ein Subjekt haben?

Aufgabe: Bilde die passive Form von »Ich wasche das Auto«.
Schüler: Das Auto wäscht mich?
Klasse 7

Für die Bezeichnungen verschiedener Wortarten denken sich manche Pädagogen Eselsbrücken aus. Eine Lehrkraft hatte ihren Schülern empfohlen, für die Unterscheidung von Possessivpronomen und Präposition an »Po« zu denken: mein Po, dein Po, ihr Po … Leider nicht mit dem gewünschten Erfolg:

Frage: Wie nennt man denn das besitzanzeigende Fürwort?
Antwort: Prostitutions-Pronomen.

Auch für Substantive gibt es einschlägige Tipps. Doch schon Erstklässler wollen diese entkräften:

Lehrer: Alles, was man anfassen kann, wird großgeschrieben.

Schüler 1: Mein Opa ist tot, den kann ich nicht mehr anfassen; wird der kleingeschrieben?
Schüler 2: Ich fasse keine Schlange an – wird die dann kleingeschrieben?

Manche Lehrer führen sich aber auch gern selbst ad absurdum:

»Bitte benutzt in eurem Aufsatz nur deutsche Wörter. Nicht diese eingedeutschten, englischen Wörter. Unsere deutschen Wörter finde ich viel cooler.«
Klasse 9

Okay. Cool.

Immer wieder vergessen Schüler, die Hausaufgaben zu machen, kommen zu spät oder gar nicht. Die schönsten **Sprüche und Ausreden**, die sich Lehrer anhören mussten, finden Sie im nächsten Kapitel.

Ich kann im Moment leider nicht klar denken. Ich bin in der Pubertät.
H&B

»Mein Porridge musste noch abkühlen«: Die schönsten Ausreden

Frühes Aufstehen ist besonders für Jugendliche wie Folter. Jeden Tag aufs Neue um acht Uhr in der Schule zu sein bedeutet: ein Leben im ständigen Jetlag. Dass Teenager von einem späteren Schulbeginn enorm profitieren würden, ist längst erforscht und wissenschaftlich belegt. Doch auch die Kleinen tun sich manchmal schwer damit, morgens pünktlich zu sein. Weil sie trödeln, weil die Eltern selbst verschlafen – oder weil ihre Leuchtschuhe noch nicht fertig aufgeladen sind. Und natürlich kennt jeder diesen merkwürdigen Umstand, dass die Zeit morgens plötzlich viel schneller vergeht als sonst, zum Beispiel während der ewig scheinenden Schulstunden. Und warum muss der Bus eigentlich immer dann absolut pünktlich abfahren, wenn ich mal etwas zu spät dran bin? Hätte der nicht wenigstens heute mal auf mich warten können? Und wieso hat der nächste dann wieder Verspätung? Wer also zu spät kommt oder die Hausaufgaben nicht gemacht hat, braucht eine gute Ausrede. An Kreativität mangelt es den Schülern in dieser Hinsicht jedoch selten, wie das folgende Kapitel zeigt. Ein Physiklehrer sagte sogar anerkennend zu seiner elften Klasse: »Eure Ausreden sind so gut, ihr könntet Politiker werden.«

Wenn Schüler sich selbst entschuldigen: »Ein Donnerwetter des Winters«

Es ist zehn nach acht, die Klassentür ist längst geschlossen, nach draußen dringt nur dumpfes Gemurmel der Lehrerin. Mist. Egal, wie sachte man jetzt die Türklinke runterdrückt und wie leise man sich zu seinem Platz schleicht, man kommt nicht umhin, sich fürs Zuspätkommen zu entschuldigen. Ehrlich währt am längsten, scheinen sich da einige Schüler zu denken:

»Ich habe die Tür vom Adventskalender nicht gefunden.«

»Ich habe heute Nacht von einem Fußballspiel geträumt, und als ich aufstehen musste, gab es eine Verlängerung.«

»Mein Porridge war zu heiß und musste noch abkühlen.«

»Lidl macht erst um acht Uhr auf, und ich musste mir doch noch ein Frühstücksbrötchen kaufen.«

Frühstück muss sein, schon klar. Aber wie steht es um den Schulhof-Style? Dieser Drittklässler misst seinem Auftritt definitiv mehr Bedeutung bei als dem Unterricht. Seine Erklärung, warum er ganze 20 Minuten zu spät zur ersten Stunde kam:

»Ich musste warten, bis die Leuchten in meinen Schuhsohlen aufgeladen waren.«

Als Alibi müssen auch häufig Familienmitglieder herhalten: Geschwister, Eltern – und sogar Haustiere hindern Schüler offenbar regelmäßig daran, pünktlich zu sein.

Lehrkraft: Warum bist du denn so spät?
Schüler, *kleinlaut***:** Ich habe zwei Schwestern, und wir haben nur ein Bad.

In einer vierten Klasse:

Schülerin: … vor lauter Gottreden!
Der Lehrer versteht nicht.
Schülerin: Ich habe mit meiner Mama über Gott geredet und dann die Hausaufgaben vergessen!

Im Sportunterricht:

> »Ich kann heute leider nicht mitmachen. Unser Welpe hat auf meinen Sportschuh gepinkelt, und jetzt ist der ganz nass.«

> »Mein Bruder hat mein Hausaufgabenheft geklaut, da wusste ich nicht mehr, was wir aufhatten.«

Ätzend, diese Geschwister. Vor allem: In so einem Fall gibt es ja auch wirklich keine Möglichkeit mehr, das Heft zurückzubekommen. Übrigens ist auch der Schlaf aller Lebewesen heilig:

> »Entschuldigung, aber unsere Katze ist auf dem Autoschlüssel meiner Mama eingeschlafen, und wir konnten deshalb nicht losfahren.«

Eine andere Schülerin erklärt:

> »Ich habe den Wecker nicht gehört. Die Mama hat draufgelegen.«

Ein Schüler aus der fünften Klasse überlegt immerhin, wie er das Zuspätkommen in Zukunft vermeiden kann:

> »Ich sorge dafür, dass ich meine Eltern wecke, wenn ich nicht aufgeweckt werde.«

Neben häuslichen Hindernissen ziehen Schüler auch gern Witterungsbedingungen als Grund für eine Verspätung heran. Das ist doch schließlich höhere Gewalt, oder?

Lehrer: Warum kommst du zu spät?
Schüler: Der Wind war so stark. Wenn ich einen Schritt nach vorne gegangen bin, hat der Wind mich zwei Schritte zurückgeworfen.
Lehrer: Aha. Und wie hast du es dann doch noch in die Schule geschafft?
Schüler: Ich bin rückwärtsgegangen.

Im folgenden Fall fand der Physikunterricht immer freitags zur »nullten Stunde« statt. Ein Schüler kam jedes Mal zehn Minuten zu spät. Um pünktlich zu sein, hätte er noch eine Stunde früher aufstehen müssen – er zog es daher vor, zu spät zu kommen:

Lehrer: Warum kommen Sie zu spät?
Schüler: Äh, guten Morgen, die Gleise waren eingefroren.
Lehrer: Kommen Sie mal nach vorn. Hier ist ein Außenthermometer, was lesen Sie dort?
Schüler: 16 Grad.
Lehrer: Und?
Schüler: Tja, ich habe mich auch gewundert.

Ein anderer Schüler kam an einem nebligen Novembermorgen etwa 20 Minuten zu spät – mit einer kreativen Ausrede:

Lehrer: Warum kommst du jetzt erst?
Schüler: Entschuldigung, aber ich habe bei diesem Nebel die Schule nicht gefunden.

Der Lehrer ergänzt hierzu: »Ich akzeptierte diese einfallsreiche Ausrede und empfahl ihm bei Nebel einen Kompass oder Blindenhund als Hilfe.«

Manchmal sind aber auch die Lehrer selbst zu spät. So wie dieser Pädagoge, der 50 Minuten zu spät in seinem Gymnasium in Thüringen aufschlug und dies gegenüber seiner elften Klasse so begründete: »Mein Geist wollte ja, aber mein Körper nicht.« Keine Sorge, kennen wir.

Ein Lehrer erzählt:
»In der gymnasialen Oberstufe ist es bei uns üblich, dass die Schülerinnen und Schüler ihr Fehlen in einem Entschuldigungsheft vermerken, welches den Lehrkräften zur Kenntnisnahme vorgelegt wird. Diese Erklärung erhielt ich von einem Schüler aus dem Deutsch-LK, 12. Jahrgang:
Sehr geehrter Herr XY,
auf Grund eines starken krippeartigen Effekt und dessen Ignorierung zu Anfang des Stadium widerfuhr mir die letzten Tage ein ›Donnerwetter des Winters‹. Ich kämpfte zu Hause mit Tee und viel, viel Schlaf gegen die Krankheit und bin nun endlich wieder auf den Beinen! ☺
Ich bitte sie mein Fehlen für die Tage vom 7.12. bis 16.12. zu entschuldigen.
Mit freundlichen Grüßen«

Hilfe! Offenbar hatte die Rechtschreibung auch eine Erkältung – oder wie erklären sich diese Fehler bei einem Abiturienten mit Deutsch-Leistungskurs? Verzweifelter Smiley.

Entschuldigungen von Eltern: »Weil Justin seine Tante heiratet«

Erst wenn Schüler volljährig sind, können sie ihre Entschuldigungen selbst zusammenschustern. Bis dahin müssen sie Mama oder Papa darum bitten. Deren Schriftsätze sind allerdings manchmal noch komischer als die Rechtfertigungen ihrer Kinder.

Entschuldigungsschreiben eines Vaters:

> »Mein Sohn konnte nicht am Kurs teilnehmen, da er an Rothaarviren erkrankt war.«

Eine andere Lehrerin erhielt folgende schriftliche Entschuldigung:

> »Hiermit entschuldige ich meinen Sohn XY für die Woche vom xx bis xx.

Er war die ersten drei Tage krank und musste sich dann erholen.
Wir bitten um Ihr Verständnis.
Mit freundlichen Grüßen«

Ja, nee, ist klar. Nach dem Urlaub braucht man schließlich auch immer noch ein paar Tage, um sich vom Erholen zu erholen.

Manchmal stehen den Entschuldigungen auch Sprachbarrieren im Weg. So wie bei diesem Erlebnis einer Lehrerin, das sie – und in Folge viele andere – auch bei Twitter geteilt hat:

»Gestern wurde mir ein Antrag auf Unterrichtsbefreiung vorgelegt:

›Bitte befreien Sie meinen Sohn Justin am nächsten Freitag vom Unterricht, weil Justin seine Tante heiratet.‹

Gratulier ich dem Bub jetzt? Melde ich das dem Jugendamt? Oder schenke ich der Familie einen Duden?«

Eine Lehrerin erzählt:
»Während meines Referendariats in Berlin hatte ich viele Schüler mit Migrationshintergrund, deren Eltern zum Teil Schwierigkeiten mit der deutschen Rechtschreibung hatten. Es war daher nicht immer

leicht, die Entschuldigungsschreiben zu verstehen. Meine Lieblingsentschuldigung wurde mir auf einem winzigen Notizzettel überreicht:

›Mein Sohn konnte nix kommen zu Schule hatte Duschfall.‹

Ich habe ein paar Anläufe gebraucht, um zu verstehen, dass er nicht aus der Dusche gefallen ist, sondern sein Problem anderer Natur war.«

Mama:

Die Schüler einer ersten Klasse sollten eine Arbeit von ihren Eltern unterschreiben lassen. Eine Arbeit bekam die Klassenlehrerin zurück – mit der Unterschrift: »Mama«.

Die Lehrerin ließ Milde walten und berichtete im Nachhinein: »Dieser Versuch von Unterschriftenfälschung wurde zwar mit dem Kind besprochen, aber nicht bestraft. Und im Lehrerzimmer fanden wir das alle so süß.«

Witz, komm raus: Sprücheklopfer im Unterricht

In Klassenzimmern spielen sich mitunter kuriose Szenen und Gespräche ab. Wenn Lehrer ihren Schülern auf die Schliche kommen oder wenn Kinder einfach drauflosplappern – zum Beispiel darüber, was ihre Eltern zu Hause über die Lehrer sagen. Auch Lehrkräfte beweisen häufig einen sympathischen Sinn für Humor. Insbesondere, wenn sie ihren Schülern rhetorisch noch einen Schritt voraus sind.

> **Schüler:** Ich war krank, ich war letzte Woche nicht da.
> **Lehrer:** Ich weiß. Wir haben es genossen.
> *Klasse 9, Realschule*

Lehrer zu Schülern:

> »Wir besichtigen nächste Woche ein Bergwerk. Vielleicht entdeckt ihr dort unten ja euer Niveau.«
> *Klasse 9, Realschule*

Die Zehntklässler betreten den Klassenraum zur ersten Stunde:

Lehrer: Du siehst aber krank aus.
Schüler: Ja, ich hab Montag.
Lehrer: Wie macht man das, an einem Mittwoch?

Schüler-Lehrer-Dialog in der elften Klasse:

Lehrer: Warum hast du noch immer keinen Umschlag für dein Physikbuch? Du solltest doch schon vor einer Woche einen drummachen.
Schüler 1: Ja, das war so: Ich war bei Müller und habe mir so einen Glitzerumschlag bestellt, aber als ich den gestern abholen wollte, war er schon verkauft.
Schüler 2: Warum sollte den jemand kaufen, wenn er auf deinen Namen bestellt war?
Schüler 1: Weil er das Glitzer darauf so toll fand?
Lehrer: Warum wolltest du überhaupt einen glitzernden Umschlag? Es gab bestimmt tausend normale Umschläge.
Schüler 1: Ich wollte ein bisschen Farbe um das triste Buch. Sozusagen als Gute-Laune-Macher.
Lehrer: Das glaubst du doch selbst nicht.
Schüler 1: Stimmt. Ich hatte einfach kein Geld.

Mist, erwischt. Dabei hatte er sich eine derart ausgeklügelte Geschichte ausgedacht. Manchmal sind aber auch die Kinder überraschend (und ungewollt) komisch. So wie an diesem ersten Schultag:

Die Erstklässler sitzen zum ersten Mal in ihrem Klassenzimmer. Der Lehrer informiert über das nun beginnende Schulleben – und unter anderem auch darüber, dass die Schule um 8 Uhr beginnt. Da ruft ein Junge in die Klasse:

»Dann kannst du mit mir kaum rechnen.
Ich bin nämlich Langschläfer.«

Auch diese Fünftklässlerin geht offen mit ihrem Müßiggang um, **wie eine Lehrkraft erzählt**:

»Ich unterrichte Gemeinschaftskunde an einer Realschule. In einer fünften Klasse habe ich kürzlich die Hausaufgaben kontrolliert. Eine Schülerin hatte kein Heft dabei.

Lehrkraft: Wo ist deine Hausaufgabe?
Schülerin: Ich habe keine.
Lehrkraft: Was machst du eigentlich den ganzen Tag?
Schülerin: Extremsport.
Lehrkraft: Extremsport???
Schülerin: Ja, Couching! Den ganzen Tag auf der Couch herumliegen.«

Ja, Mann! Couching! Kennst du nicht?

Ein Drittklässler soll eine Sonderarbeit schreiben, Thema: Nenne zehn Gründe, warum ich nicht aufs Mädchenklo darf.

Seine Antwort:

»Weil ich von dem Geruch ohnmächtig werden könnte.«

Kunstunterricht in der vierten Klasse:

Lehrkraft: Manu und Nermin, was macht ihr da?
Manu: Frühstücken.
Lehrkraft: Nein, das macht ihr jetzt nicht!
Manu: Na klar, siehst du doch?!

Ey, musst du gucken. Ab und zu sind Schüler auch ungewollt frech zu ihren Lehrern – und dabei ziemlich witzig.

Eine Lehrerin erzählt:
»Ich bin Förderschullehrkraft. Einmal fragte mich ein Schüler, ob ich in der Schule auch so schlecht gewesen sei, da ich nur Förderschullehrerin geworden bin.«

Beim Kochen fragt die Lehrerin die Schüler, wer denn Curry kennt.

Ein Schüler, acht Jahre, sagt:

»Ja, den gibt es in der Kirche. Da sagen sie immer Curry elei Sohn.«

Ein Lehrer erzählt:
»Eine Schülerin aus meiner zweiten Klasse begrüßte mich beim Martinssingen mit ›Hallo, Behrchen!‹

Ihre Mutter: Er heißt Herr Behr. Du kannst ihn doch nicht einfach Behrchen nennen.
Schülerin: Wieso – du nennst ihn doch auch immer so, wenn wir zu Hause von ihm sprechen.«

Ja, das liebe Zuhause. Was sich da so alles abspielt, würden Eltern meistens gern für sich behalten. Das gelingt jedoch nicht immer.

Lehrer: Ihr solltet doch für unser neues Thema einen Kalender mitbringen. Warum hast du keinen dabei?
Schüler: Wir haben keinen Kalender.
Lehrer: Du kannst mir nicht erzählen, dass es in der Firma deiner Eltern keine Kalender gibt.
Schüler: Doch, das sind aber Mädchenkalender.
Lehrer: Na und, da freuen sich die Mädchen von deiner Tischgruppe doch.
Schüler: Nein, ich glaube, die mögen die nicht. Da sind alle nackig drauf.

»Mein Vater ist ein Spekulatius. Er verdient ganz viel Geld an der Börse.«

Frage: Wer ist die Mutter deines Mannes?
Antwort: Meine Schwierigmutter.

Schwierige Schwiegermütter und Väter, die zocken. Schwierig finden viele auch das Fach, um das es im folgenden Kapitel geht: **Chemie**. Aber keine Angst – auch wenn Sie mit Formeln und Bunsenbrennern nicht viel anfangen können: Die Witze darüber sind sehr gut.

Wasser + Zucker
+ Kochsalz
Wasser + Zucker
+ Kochsalz
Gott erhalt's!
H&B

»Sie zeigte uns den BH-Wert«: Chemiekeulen

Lange Zeit war der Beruf des Chemielehrers etwa das Gegenteil von dem, was Jugendliche *swag*, also lässig und cool, finden: Er galt als nerdig und langweilig. Chemiker hantieren mit Reagenzgläsern, deuten auf Periodensysteme und tragen im Unterricht Kittel und Plastikbrille. Nur der Bunsenbrenner brachte hin und wieder Licht in den Unterricht. Doch dann kam Walter White. Der intelligente Chemiker in Strickweste wird in der Kultserie »Breaking Bad« von allen unterschätzt, während er heimlich ein Drogenimperium aufbaut. Mittels chemischer Reaktionen lässt er auch mal eine Leiche verschwinden oder sprengt ein Haus in die Luft. »Breaking Bad« könnte – zumindest zeitweise – den Ruf der Chemie bei Schülern gerettet haben. »Ich habe nur Respekt vor der Chemie. Die Chemie muss man respektieren.« Derartige Sprüche des beliebten TV-Gangsters vor Millionenpublikum müssten doch einen fruchtbaren Boden bereitet haben für die Lehre von den Stoffen und ihren Eigenschaften, von Reaktionen und Atomen. Oder?

»Kupfer und Wasser reagieren zu einem Bunsenbrenner«

Stoffe kennenzulernen und zu klassifizieren ist eines der ersten Ziele im Chemieunterricht. Dabei entstehen für Schüler völlig neue Wortfelder. Es geht jetzt um Aggregatzustände, Protonen, die bunte Tabelle namens Periodensystem und natürlich um Brause auf dem Pulli und Döner-Mundgeruch.

Frage: Woraus besteht Sauerstoff?
Schüler 1: Sauerstoff besteht aus Sauer und aus Stoff?
Schüler 2: Also, wenn ich Brause auf meinen Pulli schütte, entsteht Sauerstoff.
Klasse 11, Gymnasium

Aufgabe: Nenne Verwendungsmöglichkeiten von Stickstoff und begründe mithilfe der Eigenschaften von Stickstoff.
Antwort: Flüssiger Stickstoff dient zur Instandhaltung von verlorenen Körperteilen.

Wow, Stickstoff hat ja geradezu magische Eigenschaften –

ein abhandengekommenes Bein könnte demnach mit Stickstoff weiterlaufen? Ein anderes Körperteil war wohl im Kopf desjenigen, der von einer Vertretungskraft gefragt wurde, was denn in der letzten Chemiestunde Thema gewesen sei:

Frage: Was hat euch Frau XY in der letzten Chemiestunde gezeigt?
Antwort: Den BH-Wert.
Mittelstufe, Gymnasium

Abgesehen davon geht es gedanklich immer viel ums Essen – junge Menschen wachsen ja noch und brauchen viel Energie. Hungrige Mägen scheint es auch in diesen Chemiestunden gegeben zu haben:

Frage: Einem ohnmächtigen Patienten setzt man eine Sauerstoffmaske zur Beatmung auf, wodurch dieser Patient 100 Prozent reinen Sauerstoff erhält. Warum ist der Sauerstoff bei der Mund-zu-Mund-Beatmung nicht rein?
Antwort: Weil da noch Knoblauch aus dem Döner vom Vortag dabei ist?
Klasse 10

Aufgabe: Nennen Sie drei Eigenschaften von Salzen.
Antwort: Salze machen Essen salzig. Salz macht Pommes lecker.
Klasse 12, Fachoberschule

Braucht es eigentlich viel Vorstellungskraft, um sich in die Welt von Atomen und Molekülen hineindenken zu können? Die ratlosen Bemerkungen zum Thema legen das zumindest nahe:

> **Frage:** Ist Sauerstoff ein Atom oder Molekül?
> **Antwort:** Sauerstoff ist ein Sauerstoffmolekülluftteilchen.
> *Klasse 10, Gymnasium*

> **Schüler 1:** Sieht aus wie ein Hund mit Titten.
> **Schüler 2:** Das nennt sich Kohlenstoffatom.
> *Klasse 12, Berufliches Gymnasium*

Und dann gibt es noch die Kategorie von Antworten, die einfach nur verzweifelt sind – weil die Sprecher natürlich wissen, dass sie totalen Nonsens verzapfen, sich aber doch dafür entschieden haben, ihn zu artikulieren oder gar niederzuschreiben.

> **Frage:** Woraus besteht Wasser?
> **Schüler:** Wasser.
> *Klasse 9*

Aus einer Übung zu Aggregatzuständen:

> Nenne einen Feststoff! – Kacka
> Nenne eine Flüssigkeit! – Pipi
> Nenne ein Gas! – Furz

Tätää! Ein Gag wie aus der Karnevalsbütt. Da hört man innerlich den dreifachen Tusch, damit auch alle pünktlich mitlachen.

Nun gibt es nicht nur die einzelnen Stoffe und ihre Eigenschaften, sondern richtig spannend wird es ja erst, wenn diese miteinander reagieren. Chemische Reaktionen haben immer auch mit Energie zu tun, die dabei freigesetzt oder aufgenommen wird. Schüler allerdings stecken leider oft eher wenig Energie in das Thema. Und das führt zu ziemlich hilflosen Reaktionen.

Frage: Wie heißt Energie in den Stoffen?
Antwort: Stoffenergie?
Klasse 10, Gymnasium

Frage: Was ist eine Lösung?
Antwort 1: Na ja, das ist, wenn sich so ein Dings in Wasser löst.
Antwort 2: Wenn man das so umrühren kann und das eine dann weg ist.
Klasse 11, Gymnasium

Nun, da hätten wir immerhin schon mal Erkenntnisse auf Kindergarten-Niveau erreicht.

Eine der bekanntesten chemischen Reaktionen ist die Oxidation, mit der man sich natürlich auch in der Schule beschäftigen muss. Und Schüler scheinen diesen Fachbegriff zu lieben! Sie bauen ihn überall ein, manchmal mehrfach in einem Satz – ob er nun passt oder nicht:

»Bei einer Oxidation wird das Kupferoxid oxidiert.«

Frage: Was entsteht, wenn Knallgas gezündet wird?
Antwort: Knalloxid.

»Wenn das Wasser Feuer löscht, findet eine Art Oxidation statt, denn durch die Berührung des Feuers mit dem Wasser wird das Feuer oxidiert.«

Unsinn kann aber auch ohne den Dünger »Oxid« blühen:

»Kupfer und Wasser reagieren zu einem Bunsenbrenner.«
Klasse 8

In einer zehnten Klasse bereitete ein Lehrer einen Versuch vor. Er schnitt ein Stück Natrium ab, um es mit Wasser zu Natriumhydroxid und Wasserstoff reagieren zu lassen. Dabei stellte er der Klasse Fragen zum Experiment:

Lehrer: Welche Farbe hat der Ausgangsstoff Natrium? Beschreibt das bitte.
Schüler: Sieht aus wie französischer Nougat!
Zwei Minuten später, nach der Reaktion:
Lehrer: Und wie sieht Natriumhydroxid aus?
Schüler: Wie Nougathydroxid.
Klasse 10, Gymnasium

Es gibt auch Schüler, die sich Fragen zu Experimenten einfach verweigern. Drangenommen werden sie allerdings im Unterricht trotzdem.

Frage: Was passiert mit Besteck aus Neusilber, wenn man es zum Salatessen benutzt?
Antwort: Es wird salzig?
Klasse 10, Gymnasium

Frage: Wie heißt der Erfinder des Thermometers?
Antwort: Celsius.
Frage: Und der Vorname?
Antwort: Skala.
Klasse 3

Nach einem Experiment:

Lehrer: Jetzt weißt du wenigstens, wie Fe3+ aussieht.
Schüler: Es ist braun, aber das finde ich unwichtig.
Lehrer: Wer weiß, wofür du das später im Leben mal brauchen wirst!
Schüler: Ja, genau. Gar nicht.
Lehrer: Vielleicht ist es ja dann deine Lieblingsfarbe?
Schüler: Nö, das ist pink.
Lehrer: Vielleicht machen wir nächste Stunde dann mal was, wo die Reaktion pink aussieht.
Klasse 10, Gymnasium

Aufgabe: Ihr Most hat 3g/l Mineralien. Erläutern Sie, woran dies liegen kann.
Antwort: Das Analysengerät ist defekt.

1. Berufsschuljahr, Winzer

Kann man es Lehrern übel nehmen, wenn sie bei solchen Antworten einfach resignieren? Wohl kaum. Einige bleiben äußerlich ruhig und kochen nur innerlich. Andere zeigen eine deutliche Reaktion. Es ist wie bei einem chemischen Versuch: So ganz werden Schüler nicht wissen, was rauskommt. Also, aus der Lehrkraft.

»Das ist der angeregte Zustand. Merkt euch das. Und glaubt mir, ich habe in Klassenarbeiten alles gelesen, was NICHT der angeregte Zustand war. Vom erregten Zustand bis zum angeregneten war alles dabei.«

Klasse 11, Gymnasium

Schüler: Können wir mal wieder etwas explodieren lassen?
Lehrer: Ja. Mich. Gleich.

Klasse 9, Realgymnasium

Schüler: Müssen Sie das nicht unter dem Abzug machen?
Lehrer: Ach, die geringen Mengen Gas kann ich euch auch einfach wegatmen.

Klasse 12, Gymnasium

Bei der Rückgabe einer Klassenarbeit:

Lehrer: Wisst ihr, in allen anderen Klassen war die Arbeit zu diesem Thema die mit dem besten Durchschnitt. Bei euch war es die schlechteste.
Schüler: Was heißt in der Korrektur »A«?
Lehrer: Ausdruck. Ich würde gerne »B« einführen. Es wäre in dieser Arbeit das meistverwendete Korrekturzeichen.
Schüler: B? Wofür?
Lehrer: Bullshit.
Oberstufe, Gymnasium

Bullshit ist das richtige Stichwort. Das mögen viele Lehrer häufig auch im **Englischunterricht** stumm vor sich hin denken. Vor allem, wenn die Schüler sich bei ihren Gehversuchen in der Fremdsprache zu sehr am Deutschen orientieren. Nach dem Motto: *I spin through*!

Englisch-Wörterbuch aus der Sicht von Schülern mit Th-Schwäche

»Can I please become Nutella?«: *Übel*setzungen aus dem Englischunterricht

Das Fach Englisch ist ziemlich *tricky*: Da es sich um eine allgegenwärtige Weltsprache handelt, die Jugendliche ständig über Spotify, Netflix oder YouTube mitkriegen, wenn sie Filme und Videos gucken oder Musik hören, denken viele, dass sie die Sprache schon ganz okay beherrschen. Ergo, dass das Lernen von Vokabeln, Grammatik und deren Ausnahmen vonseiten der Lehrkräfte völlig überbewertet wird. Doch leider ist es genau andersrum. Und die englische Sprache wird immer schwieriger, je mehr man kann. Das merken Schüler spätestens, wenn ihnen der Ausdruck *»a miest weather«* rot angestrichen wird, weil er eben nicht Mistwetter bedeutet. Besonders amüsant wird es, wenn deutsche Redewendungen einfach eins zu eins übersetzt werden. *I think I spider*, mögen sich da viele Lehrer denken. Und dann sind da ja noch die sogenannten *false friends*: Wörter, die fast genauso klingen und geschrieben werden wie im Deutschen, aber eine andere Bedeutung haben. So hat der Ausdruck *»too loose«* bei aller Liebe nicht viel mit einer französischen Stadt zu tun.

Creative thinking

Mit Fremdsprachen ist es ja so: Es macht viel Spaß und Eindruck, wenn man sie beherrscht. Doch der Weg dahin ist zuweilen eine *rocky road*, die vor allem aus Vokabellernen besteht. Diesbezügliche Faulheit lässt sich leider nicht kaschieren, auch nicht mit Wörtern, die irgendwie ähnlich klingen oder aussehen. *So sorry*, liebe Schüler, aber »virgin« ist einfach nicht dasselbe wie »vinegar«.

Aus einem Englischtest:

»A vegetarian only eats vegetarians.«

Vokabeltest zum Ausfüllen: We need ___ and oil for the salad.
Antwort: virgin
Klasse 10

Lehrer: He, she, it – das s muss mit!
Schüler: He shit it, muss mit!

Im Englisch-Leistungskurs:

Lehrer: To lose and too loose are two different things. What's »too loose«?
Schüler: Too loose is a city!
Lehrer: What?!
Schüler: Toulouse is a city!

Yeah, wenn man es so sieht – oder hört –, hat der Schüler sogar recht. Oder ein sehr gutes Reaktionsvermögen. Der folgende Schüler hat hingegen Schwierigkeiten mit dem Unterschied zwischen Personal- und Possessivpronomen, genauer gesagt zwischen *his* und *him*:

»I helped my friend on his farm and fed him cows.«

Aufgabe: Explain the greenhouse effect.
Antwort: The HIV rays from the sun destroy the ozone layer.
Klasse 12

Aufgabe: Explain the word »unmanned«.
Antwort: For example, an unmanned woman is a woman without a man.

»Twins – they are sometimes born at the same time.«

Frage: Another word for rapist?
Antwort: Asshole.
Klasse 9

Kann man als Lehrkraft eigentlich durchgehen lassen. Falsch ist die Antwort ja nicht. Im Gegensatz zu diesen hier:

»In winter young people in Canada go snowshoeing or play ice hockey on frozen legs.«

»Mrs. K. has cleaned the widow.«

»There's nothing else like this, it's absolutely unicorn.«

Genau, richtig wären gewesen: lakes, window und unique. Wobei Einhörner doch immer einzigartig sind, deshalb: halber Punkt. Und was ist eigentlich mit diesem berühmten Engländer, dessen Dramen und Komödien zur Weltliteratur gehören?

Frage: Auf welches literarische Werk nimmt die West Side Story Bezug?
Antwort: Romeo and Juliet by Williham Schägsbier.
Klasse 9, Realschule

Denglisch für Dummies

Kleiner Tipp an alle Schüler: Wer sich zu sehr am Deutschen orientiert, kommt im Englischen nicht weit. Wer jetzt denkt, *this is me sausage*, dem sei gesagt: *You are on the woodway! No joke!*

Original: Mir fallen nie die richtigen Wörter ein.
Übersetzung: Because me never fall the right words in.

Original: Ich kenne Julie.
Übersetzung: I can Julie.

Frage: Was heißt »von der Schule fliegen« auf Englisch?
Antwort: To fly out of school.
Klasse 9

Frage: What is your dream job?
Antwort: I want to be a football star and earn a lot of money because I want to become a nice girl.

Schüler in der Frühstückspause: Can I please become Nutella?

Klasse 9, Realschule

Dear all! Bekommen = to get. Become = werden. Kapische?

Ein Viertklässler beschreibt ein Tier:

»It looks sweet out.«

Frage: Was heißt handsome?
Antwort: handzahm

Klasse 8, Gymnasium

Manche Lehrer verteilen gezielt Arbeitsblätter, auf denen steht, wie man's NICHT machen soll. Schüler sollen dann zum Beispiel Denglisch-Formulierungen zurück ins Deutsche übersetzen:

Lehrer: Der nächste ist einer für die Mädchen.
Schülerinnen: Wieso?
Lehrer: Na ja, Horror-Screw. Schreckschraube.

Klasse 9, Realschule

Dieser, höhö, Witz ist nicht nur inhaltlich fragwürdig, auch die Methode ist unter Didaktikern umstritten: Denn wer Falsches hört oder liest, prägt sich dieses unter Umständen stärker ein als die richtige Variante. Apropos richtig: Im Deutschen gibt es ja recht viele **Redewendungen**, die mehr oder weniger schön sind, aber bei vielen zum normalen Sprachgebrauch gehören. Das heißt jedoch noch lange nicht – *and that's the jumping point* –, dass es diese Floskeln im Englischen gibt.

Schüler: Sorry, it's Monday, my English is really under all pig.

Schüler: My English is not from bad parents.

Schülerin stöhnt über Vokabeltest: I spin through!

Schüler, ungläubig: Yes, no, is clear!

Ja, nee, is klar. Oh kiddos, this is really not *the yellow from the egg.*

Wenn Schüler fabulieren

Schule ist oft auch Situationskomik. Wenn Schüler nicht weiterwissen, wird immer wieder verzweifelt geraten und assoziiert – manchmal müssen die Lehrer dabei auch noch nachhelfen. So wie in dieser neunten Klasse einer Realschule, in der die Schüler sich einfach nicht mit der Vergangenheitsform Simple Past anfreunden wollten:

> **Lehrerin:** Was muss man bei der normalen Form beachten?
> *Ratlosigkeit in der Klasse.*
> *Die Lehrerin versucht es mit Pantomime und zieht etwas Imaginäres hinter sich her.*
> *Weiterhin fragende Gesichter.*
> **Lehrerin:** Mister Sheeran!
> **Schüler:** Der singt!
> **Lehrerin:** Das meine ich nicht. Vorname?
> **Schüler:** Ed.
> **Lehrerin:** Genau! Und den hängen wir hinten ran.

Nicht schlecht! Noch kreativer waren nur die Schüler, die folgenden Text über den legendären Pony Express übersetzen sollten. Mit dem berühmten amerikanischen Pferde-Kurierdienst wurde ab 1860 Eilpost von Missouri nach Kalifornien und zurück transportiert – 3200 Kilometer innerhalb von nur zehn Tagen, meist im Galopp, auf wechselnden Pferden und mit wechselnden Reitern. Allerdings wurde anderthalb Jahre später die Telegrafenverbindung zwischen der Ost- und der Westküste hergestellt und der Pony Express damit obsolet.

> **Original:** Riders for the Pony Express were expected to be under 18 and willing to risk their lives.

Übersetzung: Reiter für den Pony Express erwarteten unter 18-Jährige ...

Original: They had to be skinny and wiry so their weight would not be too heavy for the horses.
Übersetzung: Sie waren nackt und verdrahtet und mit weißen Säcken, damit die Pferde nicht so aufgedreht waren.

Original: For protection they were given a knife, two revolvers and a rifle.
Übersetzung: Bei Protestaktionen (Meckern) wurden sie erstochen, mit zwei Waffen und einem Gewehr erschossen.

Original: On the way to Sacramento ...
Übersetzung: Auf dem Weg zum Sakrament ...

Apropos Pferde ...

Original: Ich wollte schon immer auf einem Pferd reiten.
Übersetzung: I always dream to ride a Horst.

Ja, so ein Horst, das ist schon was.

Eine Englischlehrerin erzählt:

»Um seine ›talking skills‹ zu testen, unterhalte ich mich mit einem 13-jährigen Schüler; er soll dafür eine mündliche

Note bekommen. Er beginnt zu reden, hält plötzlich inne und fragt: ›Can I think before I talk?‹ – Was soll man da antworten? ›Yes, please!‹«

Oh yes, *the life is not a pony farm* – weder für Lehrer noch für Schüler. Während Englisch den meisten jedoch noch Spaß macht, geht es jetzt weiter mit einem Fach, das viele fürchten: **Mathe**. Und wir können nur sagen: *That pulls you the shoes off!*

Wenn Mathematik-Hasser rechnen

»Addieren, subtrahieren, disziplinieren«: Die hohe Kunst der Mathematik

Kommen wir zu einem Fach, das entweder geliebt oder gehasst wird: die Mathematik. Viele Mythen ranken sich um dieses Fach. Oft wird behauptet, es habe etwas mit Begabung zu tun. Dann gibt es noch das Vorurteil, wonach Mädchen schlechter in Mathe seien als Jungen.

Tatsächlich bestätigen die deutschen PISA-Ergebnisse das. Doch: Das heißt nicht, dass Jungen von Natur aus einen besseren Zugang zu Zahlen haben. Denn es gibt Länder, in denen die Ergebnisse ganz anders aussehen. Vielmehr ist es so, dass Lehrer und Eltern ihnen – aber auch die Mädchen sich selbst – oft weniger zutrauen und ihr schlechteres Abschneiden so zur selbst erfüllenden Prophezeiung wird. Bereits in den Neunzigerjahren fanden kanadische und amerikanische Forscher heraus, dass Studentinnen in einem Mathetest deutlich weniger Punkte erreichten, wenn ihnen vorher gesagt wurde, dass Frauen in diesem Test üblicherweise schlechtere Leistungen erbringen als Männer. Ohne diese Ansage schnitten die Studentinnen ähnlich gut ab wie ihre männlichen Kommilitonen. Die Ablehnung der Mathematik ist natürlich auch nicht angeboren, sie entwickelt sich mit der Zeit, Klassenstufe um

Klassenstufe. In der Grundschule klingen die Mathe-Problemchen noch recht niedlich, später treten entweder Resignation oder Aggression auf den Plan. Oder wie es eine Mathelehrerin gegenüber einer neunten Klasse formulierte: »Stumpfsinn zum Quadrat«. Fangen wir also mit den Erstklässlern an, und arbeiten wir uns behutsam vor zu den Totalverweigerern.

Grundschule: Zwei Finger fehlen

Ganz am Anfang, also im Zahlenraum bis zehn, macht das Rechnen praktisch jedem Kind Spaß. Schließlich hat man genug Finger, um alle Aufgaben problemlos abzuzählen. Erste Formen kann man mit Haushaltsgegenständen abbilden, und der Hunderterraum erschließt sich mit dem eigenen Taschengeld beim Süßigkeiteneinkauf.

Es geht um das Unterscheiden von geometrischen Formen. Auf dem Tisch liegen eine quaderförmige Kekspackung, ein Würfel, eine Pyramide und ein Tennisball.

Frage: Welcher Gegenstand gehört nicht dazu?

Antwort: Die Kekspackung. Die Kekse kann man essen, die anderen nicht.
Klasse 1

Aufgabe: Was ergibt 12 plus 5?
Antwort: Die Aufgabe geht nicht. Dafür fehlen zwei Finger!
Klasse 1

Schüler: Ich liebe Mathe, und weißt du auch, wieso?
Lehrer: Nein?
Schüler: Da ist immer die Frühstückspause.
Klasse 1

Schüler hält triumphierend zwei Geldscheine hoch, in jeder Hand einen. Es sind ein Tausender und ein 20-Euro-Schein.

Er ruft: »Guckt mal, wie viel Geld ich habe – 20.000 Euro!«
Klasse 1

Trotz so viel Vorbereitung fragt am Ende der ersten Klasse dann ein Schüler zu Beginn der Stunde: »Machen wir heute wieder Kotzrechnen?« – Oops! Kopfrechnen war natürlich gemeint. Ein früher freudscher Versprecher? Könnte sein, denn in der zweiten Klasse fängt es langsam an mit Textaufgaben. Und ersten Verständnisproblemen.

Aufgabe: Tante K. hat Geburtstag. Sie ist acht Jahre jünger als Mutti. Mutti ist 35 Jahre alt. Wie alt ist Tante K.?
Antwort: Tante K. ist jünger als meine Mutti.
Klasse 2

Aufgabe: Meine Zahl ist um 6 kleiner als 69.
Antwort: Sie sind 6 Kinder, und Marc hat 69 Bomben.
Klasse 2

Lehrer: Denkt dran, es heißt addieren, subtrahieren, multiplizieren …
Schüler: … und disziplinieren.

Aufgabe: Rechne 40 plus 50. Ist die Aufgabe leicht oder schwer für dich? Wie rechnest du? Schreibe auf.
Antwort: Leicht. Mit den Fingern.
Klasse 2

Aufgabe: Setze die Zahlenreihe fort! Wie heißt die Regel?
Antwort: Weiterrechnen.
Klasse 3

Manchmal kapieren die Kinder auch gar nicht, dass überhaupt gerechnet werden soll. Dann werden Textaufgaben zwar logisch richtig beantwortet, mit Mathematik hat das aber leider nichts zu tun.

Aufgabe: Deine Mutter gibt dir morgens eine Brotbox mit vier Scheiben Brot mit. Eine isst du schon auf dem Schulweg, die andere in der ersten Pause. Zwei gibst du deiner Klassenkameradin, die ihr Pausenbrot vergessen hat. Was hast du dann noch?
Antwort: Hunger.
Klasse 2

Frage: Paul hat 45 Kekse. Er isst 28 davon auf. Was hat er dann?
Antwort: Bauchschmerzen.

Aufgabe: Schreibe 11.379 in Worten.
Antwort: 11.379 in Worten.

Aufgabe: Schau dir diese Aufgabe an. Welcher Fehler wurde hier gemacht?
Antwort: Des bassiert mir au immer, is net so schlimm.

Frage: Was gibt 21 plus 13?
Antwort: Ist das eine Fangfrage?
Klasse 3

Mittelstufe: Locker machen mit dem G-Punkt

Ab der fünften Klasse wird es in Mathe dann interessant: Es locken Brüche, negative Zahlen, Prozentrechnung, Variablen und binomische Formeln die Knobelfreunde in ihr Reich. Lehrer geben sich noch Mühe, den Stoff anschaulich zu erklären, und versuchen zu bestärken: »Traut euch, schlimmstenfalls ist es falsch!« Doch einige Schüler sind längst ausgestiegen – oder zu fantasielos.

Lehrer: Ein Reisebus hat 52 Sitzplätze. Stellt euch vor, der örtliche Pudelklub hat den Bus gechartert, um zur Rassehundeausstellung zu fahren. Jeder Hundebesitzer will seinen Liebling auf dem Platz neben sich sitzen haben. Wie viele Hundebesitzer können mitfahren?

Schüler: 52 : 2 = 26.

Lehrer: Jetzt stellt euch vor, ein Kindergarten will den Bus für einen Ausflug in den Tierpark mieten. Die Kinder sind so schmal, dass zwei Kinder auf

einen Platz passen, also jedes Kind nur einen halben Platz beansprucht. Wie viele Kinder passen rein?
Schüler: Was Sie da erzählen, ist gar nicht erlaubt. Ich weiß das, mein Vater ist Busfahrer.

Für Mathematik kann man vermutlich folgende Regel aufstellen: Je höher die Klassenstufe und je abstrakter das Thema, desto mehr Ausflüchte und Spaßvogel-Antworten. In Geometrie soll eine neunte Klasse ein Dreieck ins Heft zeichnen und es an einer Gerade spiegeln. Ein Komiker läuft mit seinem Heft zum Waschbecken und hält es vor den Spiegel. Sein Kommentar dazu:

Schüler: Wir sollen das Dreieck doch spiegeln!
Lehrer: Ja. So macht das mein Sohn in der zweiten Klasse auch.
Klasse 9

Lehrer: Jetzt haben wir schon die Flächeninhalte von fast allen Vierecken durch. Welches fehlt uns noch?
Schüler: Dreieck?
Klasse 9, Realgymnasium

Schüler nach der Bekanntgabe der schriftlichen Noten:

»Ich habe meinen Schnitt errechnet, und ich komme auf 7.«

»Die Römer hatten es gut. Da war x immer zehn.«

Klasse 6, Gymnasium

Frage: Wie viel sind 30 Prozent von 2 kg Weintrauben?

Antwort: 2 kg Rosinen.

Klasse 9, Realschule

Und da in der Mittelstufe die Hormone schön in Wallung sind, wird es auch mal anzüglich im Unterricht. Übrigens auch in den Formulierungen der Lehrer – vielleicht ein Mittel, um sich Aufmerksamkeit zu sichern oder die dröge Mathestunde aufzulockern.

Lehrer benutzt eine Geometrie-Software und gibt statt F-Punkt die Bezeichnung G-Punkt ein:

»Ach, jetzt habe ich den G-Punkt angegeben, auch schön.«

Lehrer multipliziert zwei Klammern miteinander [(a+b) × (b+c)] und beginnt dabei mit dem ersten Glied der zweiten Klammer.

Schüler: Herr XY, machen Sie es immer von hinten?

Klasse 7

Schüler bauen in Zweierteams Mixer aus Metallbaukästen, doch bei einem Team fehlt etwas.

Schüler: Wir haben kein Gummi.
Lehrer: Na, dann macht's halt ohne. Ich gebe euch dann beim nächsten Mal ein Gummi, doch dann könnte es zu spät sein.
Klasse 9, Realschule

Okay, nicht immer ist es so schmuddelig lustig im Matheunterricht. Vermutlich sogar eher selten. Die meisten Lehrer klingen wohl eher so wie diese Pädagogin aus Baden-Württemberg:

»Ich weiß, ich langweile Sie mit Mathe.
Aber es ist nun mal meine Leidenschaft, Sie damit zu nerven.«
Gymnasium

Aus vielen Schülern spricht deshalb nur noch Resignation.

Frage: Wie rechnet man das aus?
Antwort: Irgendwie halt. Was fragen Sie mich das, Sie sind der Lehrer.
Klasse 10, Gymnasium

Lehrer: Der Taschenrechner ist eigentlich dumm. Er macht keine Fehler, aber er merkt nicht, wenn er das Falsche tut.
Schüler: Also genau wie wir. Wir können auch nur das, was die Lehrer uns sagen.
Gymnasium

Die Schüler sollen jeder für sich rechnen, anschließend wird verglichen.

Lehrer: Leute, wenn in der Aufgabe das Wort »berechne« steht, müsst ihr auf jeden Fall mal eine Rechnung haben.
Schüler: Scheiße.
Klasse 9

Lehrer: Urnen kennt ihr ja noch aus der Wahrscheinlichkeitsrechnung?
Schüler: Nee, nur von Beerdigungen.
Gymnasium

Oberstufe: Lücke im Gedächtnis, äh, Graphen

Und dann kommt die Oberstufe. In einigen Schulen lässt sich Mathematik irgendwann abwählen, andere Bundesländer erzwingen die Teilnahme bis zum letzten Tag. Unter den freiwilligen Teilnehmern gibt es die Kategorie an Blamagen, bei denen Schüler zwar motiviert mitmachen, aber trotzdem nur Dünnsinn von sich geben:

Frage: Wenn Sie einen Kuchen mitbringen und auf eine Person aufteilen, wie viel Kuchen hat diese Person dann?
Antwort: x?
Oberstufe, Gymnasium

Lehrer: Wie heißt noch mal die Zahl e?
Schüler 1: Euphorische Zahl!
Schüler 2: Euralische Zahl!
Lehrer: *facepalm*
Klasse 11, Gymnasium

Falls Sie jetzt hier mit dem Fachbegriff und Jugendsprech nicht ganz mitgekommen sind: Gesucht war die eulersche Zahl, und »facepalm« bezeichnet im Internetjargon die Geste, bei der man sich aus Fassungslosigkeit oder Unverständnis mit der Handfläche die Stirn bedeckt. Wäre auch bei diesen Antworten angemessen:

Lehrer: Was ist 0 geteilt durch 0?
Schüler: Eine Lücke im Graph!
Lehrer: Du hast auch eine Lücke. Eine große Wissenslücke.
Klasse 11, Gymnasium

Lehrer: Das Korrigieren von trigonometrischen Funktionen kann sehr lustig werden, wenn es in der Klasse 15 verschiedene Antworten gibt.
Schüler: Wie viel Schoki braucht man da?

Lehrer: Tonnenweise. Unter einem Kilo geht da nix.

Gymnasium

Einige Abiturienten sind sich auch in ihrer letzten Prüfung noch so unsicher, dass sie ausgesprochen vorsichtige Formulierungen wählen:

»Gesucht wird eine nahezu linienförmige Gerade, die fast parallel zur x-Achse verläuft.«

Abiturklausur

Aber nicht alle stehen mit Mathematik auf Kriegsfuß. Einige lieben sie auch, manchmal so sehr, dass Freund oder Freundin eifersüchtig werden könnten. Das sind die wahrhaftigen Nerds! Dann gibt es im Unterricht neckende Wortwechsel wie diesen:

Schülerin: Ich liebe die p-q-Formel!
Schüler: Betrügst du mich jetzt mit einer Mathe-Formel?
Schülerin: Schon lange!

Oberstufe, Gymnasium Baden-Württemberg

‹3
‹3
‹3

Kommen wir nun zu einem Fach, in dem die Beweisführung eher schwierig ist. Das logische und analytische Denken hat daher jetzt mal eine Freistunde, dafür dürfen sich Gefühl, Moral und Vorstellungskraft breitmachen – und wenn man ganz fest glaubt, wird es vielleicht sogar wahr, dass der Lehrer nach dem Erkenntnisgewinn in die Höhle zurückgeht. Willkommen im **Religions- und Ethikunterricht**.

Am Donnerstag ist kein Unterricht, da ist Christi Himmelfahrt.
Oh, hoffentlich lassen mich meine Eltern da mitfahren!
17
H&B

»Und dann schickte Gott die zehn Angebote«: Religion und Ethik

Abgeschoben in die Randzeiten des Stundenplans, wird ein oder zwei Stunden pro Woche über die Bibelgeschichte und Jesus, über Sex vor der Ehe oder Tierversuche geplaudert. Die Kinder nennen es liebevoll »Reli« und finden, es sei das »unwichtigste Fach, in dem man die besten Noten kriegt«, so ein 12-Jähriger. Separatismus ist hier Alltag: hier die Protestanten, dort die Katholiken, ab und zu werden auch Moslems extra unterrichtet. Hört sich umständlich an? Das ist nicht das einzige Problem: Religion steht als Fach unter ständigem Beschuss, schließlich ist es der einzige nicht säkulare Bereich in staatlichen Schulen, und die Kirchen dürfen auch noch bei den Inhalten mitreden. Vieles ist verwirrend widersprüchlich, es geht um Glauben, Fühlen, Zweifeln, und es gibt dafür keine Belege. Trotzdem ist es gut, dass Religion unterrichtet wird, sei es konfessionsgebunden oder als gemeinsamer Ethik-Unterricht. Irgendjemand muss den Kids ja mal erklären, was es mit Advent, Weihnachten, Ostern und Pfingsten auf sich hat. Oder warum es religiösen Fanatismus gibt. Außerdem ist Reli immer gut für verdrehte Schoten. »Himmel, hilf!« möchte man schreien, wenn sich Schüler wieder ihren

Stuss zusammenreimen, frei nach dem Motto: »Ich bin zwar nicht getauft, aber geimpft.«

»Tod durch Kreuzung« – Bizarres aus der Bibel

Fangen wir an mit dem Buch der Bücher. Freilich ist nicht alles logisch zu erklären, was das Alte und das Neue Testament so bereithalten. Schon bei den Schilderungen über den **Propheten Mose** dürfte den Schülern klar werden, dass sie sich im Fach der Mythen und Sagen befinden. Kleine Ungenauigkeiten sind daher also nicht weiter schlimm, oder?

> »Den Mose haben die in einem Korb ins Wasser getan. Und ein Pfarrer hat den dann gefunden.«
> *Klasse 5*

Äh, nein, ein Pfarrer war das nicht. Aber Pharao klingt so ähnlich. Und der kriegte dann sehr viele Kinder, oder etwas, das so ähnlich klingt:

> »Der Pharao hört nicht auf Mose, deshalb schickt Gott zur Strafe zehn Blagen.«

»Mose stieg auf den Berg Sinai. Hier bekam er von Gott die zehn Angebote.«

Es gibt natürlich auch andere interessante Propheten. Die Klasse spricht über ein Bild von Samuel, der seine Hände an die Ohren legt und nach oben schaut.

Lehrer: Samuel scheint also etwas zu hören.
Schüler: Er hört Gott.
Lehrer: Wie kommst du darauf?
Schüler: Ja, wir haben doch Religion, da geht es meistens um Gott.

Aufgabe: Nenne zwei Propheten des Alten Testaments.
Antwort: Sodom und Gomorrha.
Klasse 8

Ach, das waren KEINE Propheten? Sondern Städte? Egal! Die vagen Schriften sind übrigens in ihrer Art und Reihenfolge festgelegt und werden Bibelkanon genannt. KANON, so wie ein mehrstimmiges Singstück. Die Schüler einer Berufsschule hatten bei der Frage »Was ist ein Kanon?« allerdings eher wunderliche Assoziationen, von Kannibalen bis Känozoikum:

- »Die Sprache von den Kanoie.«
- »Ein System kannibalischer Überlieferungen zur Zeit Martin Luthers.«

- »Ein System von Religionen, die in der Bibel angeordnet sind.«
- »Ein Abschnitt im Känozoikum (Zeitalter) der Bibelüberlieferung.«

Und wer hat die Bibel verfasst? Na?

»Die Bibel wurde von allen oder mehreren Kirchen verfasst.«

»Zuerst wurden die biblischen Geschichten nur mündlich überliefert, bis Martin Luther alles aufgeschrieben hat.«

»Die Bibel wurde 50 bis 130 nach Christus von Martin Luther aufgeschrieben.«

Bis zur Aufklärung galt ja übrigens Mose selbst als Verfasser der Thora. Mittlerweile nimmt man an, dass grüne Landpflanzen die Autoren waren, daher auch der Name der Bücher:

Aufgabe: Nenne die Bestandteile der Thora.
Antwort: Die fünf Bücher Moose.
Klasse 6, Gymnasium

Zum Thema Moses gehören natürlich auch die **Zehn Gebote**, die er am Berg Sinai erhielt. Nur was für (An-)Gebote waren das noch gleich? Hat Gott auch Falschparken und

Drogen untersagt? Eine sechste Klasse schaffte es immerhin, neun Gebote zusammenzutragen, mitsamt plausiblen Begründungen. Hier sind sie:

- »Man darf nicht töten. Weil man das einfach nicht tut.«
- »Man darf keine Drogen nehmen. Weil Drogen verboten sind.«
- »Man darf nicht stehlen. Wenn man stiehlt, sind das Sachen, die nicht dir gehören.«
- »Man darf niemanden vergewaltigen. Wenn das nicht deine Frau ist.«
- »Man darf niemanden hauen. Wenn er dich nicht haut.«
- »Man darf nirgendwo einbrechen. Wenn es nicht dir gehört.«
- »Parkverbote. Weil man da nicht halten darf.«
- »Man darf nichts zerstören. Wenn es nicht dir gehört.«
- »Man darf kein Auto fahren, wenn man keinen Führerschein hat. Weil die Polizei das nicht will.«

Ein weiteres zentrales Thema der erratischen Märchenstunde namens Religionsunterricht ist natürlich **Jesus von Nazareth**. Und wenn schon so schön fantasiert wird – warum sollte sich dessen Leben nicht unter König Drosselbart abgespielt haben?

Frage: Wer herrschte zur Zeit Jesu Geburt?
Antwort: König Drosselbart.
Frage: Wo wurde Jesus geboren?
Antwort: In Bethlesheim.

Manchmal kommt Religion im Stundenplan auch direkt nach Sachkunde, wo auch manchmal Sexualkunde durchgenommen wird. Es erfordert dann einen erheblichen gedanklichen *turnaround*, um direkt nach expliziter Aufklärung über Marias keusche Empfängnis zu sprechen. Ein Schüler löste dieses Problem recht elegant:

Nach dem Sexualkunde-Unterricht folgte eine Unterrichtseinheit Palästina. Der Lehrer zeigt auf der Landkarte das Land Samaria mit gleichlautender Hauptstadt.

Lehrer: Wie können wir uns den Namen des Landes merken?
Schüler: Hier hat Maria bestimmt den Samen für Jesus bekommen.
Grundschule

Im Advent darf man sich übrigens in Reli verkleiden – fürs Darstellende Spiel. Das vermittelt die Geburt Jesu schließlich viel anschaulicher als schnöder Frontalunterricht. Wer einmal die Maria oder der Josef war, der weiß für immer, wie es zugegangen sein soll im Stall und was die Heiligen Drei Könige mitbrachten. Allerdings können immer nur zwei Kinder der Klasse die Rollen von Maria und Josef übernehmen. Wer bloß einen Herbergsvater oder ein Schaf mimt, gibt weiterhin lustige Antworten.

Klasse übt für das Weihnachtskrippenspiel. Im Text kommen die Wörter »Marie, die Jungfrau, rein und keusch« vor.

Lehrer: Was bedeutet denn rein und keusch?
Schüler: Sie hat sich gewaschen, aber den Keuchhusten hat sie trotzdem gekriegt.
Klasse 4

Klasse probt das Krippenspiel. Josef wandert mit der schwangeren Maria von Herberge zu Herberge.

Josef: Haben Sie nicht ein Bett für meine Frau?
1. Herbergsvater: Nein!
Josef fragt den nächsten: Haben Sie nicht ein Bett für meine Frau? Der Bauch ist schon so dick.
2. Herbergsvater: Nein, wir haben kein Bett frei.
Josef fragt weiter: Haben Sie nicht ein Bett für meine Frau? Die Füße tun ihr schon so weh!
3. Herbergsvater: Nein, wir sind total ausgebucht, es sind mindestens hundert Leute in der Herberge.
Josef: Na, da müssen Sie aber einen guten Catering-Service haben.

Frage: Was brachten die drei Könige dem Jesuskind mit?
Antwort: Gold, Weihrauch und eine Möhre.
Klasse 3

Auch um den Tod von Jesus ranken sich originelle Mythen. War es vielleicht doch ein Autounfall? Oder eine wilde Geste? Und wie nennt man noch gleich die zwölf Gäste bei seiner Henkersmahlzeit?

»Jesus hielt ein letztes Abendmahl mit seinen Jünglingen.«

Formulierungen in einem Lückentext einer Klassenarbeit über den Leidensweg Jesu Christi:

Schüler 1: Tod Jesu durch Kreuzung.
Schüler 2: Tod Jesu durch Bekreuzigung.
Klasse 6

Die Kinder schreiben ein Weihnachts-ABC. Ein Schüler schreibt bei »H« das Wort »hängen« hin.

Lehrer: Was meinst du denn mit hängen?
Schüler: Na ja, Weihnachten wurde Jesus doch gehängt.
Klasse 2

Fehlte nur noch, dass Jesus an den Weihnachtsbaum gehängt worden ist.

Aber es ist ja auch schwierig, den Bibelsprech zu verstehen. Manchmal hapert es dabei nur an einem Wort, das die Kinder nicht kennen – und schon wird es zum Verzweifeln lustig für die Lehrer. So wie in dieser ersten Klasse, in der es um die Zeile eines Liedes ging, die lautete: »Herr, sei uns heute nah, bei dir sind wir geborgen.«

Lehrer: Geborgen – was heißt denn das?
Schüler 1: Geboren!
Lehrer: Äh, nein.
Schüler 2: Wenn eine Mutter ein Baby im Bauch hat, und das kommt dann raus.
Lehrer: Das wäre ja geboren – unser Wort heißt aber geborgen.
Schüler 3: Also, wenn einer einem anderen etwas gibt, aber nur für eine Zeit, und der muss es dann zurückgeben.
Lehrer: Ah, du meinst leihen, borgen, geborgt – geborgt ist aber nicht das Gleiche wie geborgen.
Schüler 4: Wenn man was nicht sieht.
Lehrer: Dann ist es verborgen. Okay, ich erklär's euch.

»An Pfingsten hat Jesus geheiratet«

Es gibt jede Menge gesetzliche Feiertage, viele davon sind religiöse Feste. Doch was wird warum gefeiert? Und warum sind manche beweglich, während andere ein festes Datum haben? Und was hat das alles mit dem Christentum zu tun? Fragen über Fragen, und die Schüler raten, raten, raten.

> **Frage:** Warum fanden Maria und Josef keine Herberge? Warum wurde Jesus in einem Stall geboren?
> **Antwort:** Wegen der Weihnachtsferien war alles ausgebucht.
> *Klasse 6*

Lehrkraft liest die Ostergeschichte vor, danach dürfen die Kinder sich spontan äußern:

> »Ich glaube, das war keine Ostergeschichte! Da kam kein Osterhase drin vor.«
> *Klasse 1*

Frage: Was wird an Pfingsten gefeiert?

Antwort: Da hat Jesus geheiratet.

Azubi, Arzthelfer

Frage: Was feiern wir am ersten Sonntag im Oktober?

Antwort: Das Oktoberfest.

Klasse 5, Oberschule

Aufgabe: Nenne den ersten und letzten Tag des christlichen Kirchenjahres.

Antwort: Der Anfang ist St. Nikolaus, und das Ende ist Silvester.

Klasse 5, Oberschule

So kurz ist ein Kirchenjahr nicht, auch wenn aus Kindersicht das Spannendste im Dezember passiert. Das Kirchenjahr beginnt am Vorabend des ersten Adventssonntags und endet im Jahr darauf am Samstag vor dem ersten Advent.

Haben dann in der Mittel- und Oberstufe noch nicht alle Religion abgewählt, bleibt noch ein wenig Zeit für den Blick über den Tellerrand. Eigentlich schade, dass viele Schüler diesen Berührungspunkt mit anderen Weltreligionen verpassen.

Aufgabe: Beschreibe die muslimische Sicht auf Sexualität.

Antwort: Man darf Sex bis zur Ehe haben.

Klasse 10

»Der Sprecher der buddhistischen Welt heißt Zeus.«

»Der Amazonas ist den Hindus heilig.«

Die Würde ist unfassbar

Übrigens gibt es Sinnieren über Sinn und Unsinn des Lebens auch ohne Konfession. In Ethik, einem Fach an der Grenze zur Philosophie, werden die großen Fragen des Lebens gestellt: Wer bin ich? Wohin gehe ich? Wie retten wir die Welt? Aber auch die kleinen Probleme des Alltags haben ihren Platz, wie zum Beispiel: Gehören Slipeinlagen zu den Grundbedürfnissen des Menschen?

Frage: Wie lautet der erste Artikel des Grundgesetzes?
Antwort: Die Würde des Menschen ist unfassbar.

Klasse 9, Realschule

Frage: Wohin geht die Seele nach dem Tod?
Schüler 1: Nach dem Tod erschlafft der Körper, und die Blase entleert sich.
Schüler 2: Sozusagen ein Todesschiss.
Klasse 11, Gymnasium

Aufgabe: Nennen Sie bitte ein Beispiel für Positivismus.
Antwort: Das Grab ist immer halb voll!
Klasse 12

Etwas konkreter gestaltete sich der Ethik-Unterricht in einer zehnten Klasse einer Berufsschule. Die Schüler sollten Fakten über die Hintergründe von Kriegen und Konflikten in der Welt lernen. Folgende Antworten stammen aus der Klassenarbeit zu dem Thema:

Frage: Warum ist ein Frieden in Syrien zurzeit so schwierig?
Antwort: Weil die anderen Länder Waffeln schicken.

Aufgabe: Nenne die Gruppen, die am Syrien-Konflikt beteiligt sind.
Antwort: In Syrien kämpfen die Bürgermeister.

Frage: Was kann man tun, damit es mehr Frieden auf der Welt gibt?
Antwort: Alle Länder müssten sich auf einen Tisch setzen.

Frage: Nenne Wege, Kriege zu beenden.
Antwort: Über die NASA einen Streitschlichter anfordern.

Die Weltraumbehörde hätte vielleicht zumindest vom All aus einen guten Überblick über die Welt, bessere Streitschlichter gibt's aber bei den Vereinten Nationen.

Ob Erkenntnisgewinn oder die Abgründe menschlichen Verhaltens – ethische Fragestellungen veranlassen Schüler immer wieder zu kreativen Geistesblitzen.

Frage: Kann mir jemand erklären, was »Schönwettertugend« genannt wird?
Antwort: Wenn die bei schönem Wetter glücklich sind und dadurch besser philosophieren können?
Klasse 9, Gymnasium

Lehrer: Was ist eine Vernunfterkenntnis?
Schüler: Wenn die Seele von jemandem vernünftig ist.
Klasse 11

Zum Höhlengleichnis von Platon:

Frage: Wer geht nach der Erkenntnisgewinnung zurück in die Höhle?
Antwort: Der Lehrer.
Klasse 11, Gymnasium

Abtreibung, Sterbehilfe, Veganismus: Die Themen im Ethik-Unterricht sind durchaus praxisbezogen und könnten ein moralischer Wegweiser sein. Vorausgesetzt, man hat nicht schon zu viel Privatfernsehen geschaut.

Frage: Wohin können sich junge Frauen wenden, die Kinder bekommen haben und Unterstützung brauchen?
Antwort: Zu RTL.
Klasse 9, Gymnasium

Lehrer: »Vertrauen ist gut, Kontrolle ist besser.« Von wem ist das?
Schüler: Pro Familia.
Berufskolleg

Noch ein Thema direkt aus dem Alltag: der Supermarkteinkauf. Welche Produkte braucht man wirklich, und mit welchen Tricks wird der Rest verkauft? Das kann jeder nachvollziehen, wenn er mal wieder im Supermarkt auf Mehl ausrutscht.

Frage: Mit welchen Verkaufstricks werden Verbraucher in Supermärkten beeinflusst?
Antwort: Die Grundbedürfnisse wie Mehl und Zucker liegen verstreut im ganzen Kaufhaus, damit man an vielen anderen Dingen vorbeimuss.

Frage: Was gehört zu den Grundbedürfnissen eines Menschen? Wenn ich in einen Supermarkt gehe, was müsste ich dann kaufen?
Antwort: Slipeinlagen.
Klasse 6

Frage: Welche Gründe könnte ein Vegetarier für die Wahl dieser sogenannten Sonderkostform haben?
Antwort: Er ist Tierfreund. Tiere sind auch Menschen.

Menschen kommen auch im nächsten Kapitel vor, allerdings geht es da vor allem um Fakten, Fakten, Fakten. Und die vermischen sich in den Schülerhirnen leider häufig mit Fantasie. Heraus kommen dann Konstrukte wie: Israel gewann 1948 den Palästinakrieg, »weil sie die Wehrmacht hatten«. Da kann man nur sagen: Gut, dass es das Fach **Geschichte** überhaupt gibt – und hoffentlich ruckelt sich das Wissen bis zum Abi noch zurecht .

Eines Tages wird mein Name in den Geschichtsbüchern stehen.
Und von den Schülern in hundert Variationen falsch wiedergegeben werden.
H&B

»Alfa und Romeo gründeten Rom«: Geschichte und Politik

Manche Menschen empfehlen Gehirnjogging. Die Idee dahinter: Jeder soll regelmäßig die gedankliche Komfortzone verlassen, um flexibel zu bleiben. Statt täglich denselben Autopiloten anzuwerfen, sollte man wortwörtlich andere Wege gehen, Routinen verändern, mal mit links die Zähne putzen statt mit rechts. Wenn also der Tagesablauf ungefähr so aussieht: morgens in der Schule dösen, große Pause, weiter in der Schule dösen, große Pause, am Nachmittag chillen, am Abend abhängen – dann könnte man da mal ausbrechen, um die Synapsen etwas in Schwung zu bringen. Wir finden allerdings, deutsche Schüler haben das überhaupt nicht nötig. Sie beweisen in ihren Antworten auf Prüfungsfragen in Geschichte und Politik, dass sie ausgesprochen flexibel um die Ecke denken können und sehr gerne ausgefallene Wege gehen. Oder wer kommt sonst auf die Idee, dass früher in Frankreich Verbrecher mit der Gelatine hingerichtet wurden? Und warum nicht glauben, das PDF sei eine Partei im Bundestag? Viel Spaß!

Frühgeschichte ohne Hirn

Beginnen wir in der Steinzeit. Schon damals entwickelten Menschen so ihre Tricks, um zu überleben. Ähnlich wie heute Schüler im Unterricht.

> **Aufgabe:** Nenne verschiedene Methoden der Steinzeitmenschen, um das Mammut zu jagen.
> **Antwort:** Warten, bis es einschläft.
> *Klasse 5*

Auch zwischen den alten Ägyptern und den heutigen Schülern gibt es eventuell eine Parallele: Sie können möglicherweise ohne Hirn überleben.

Thema Mumifizierung:

> **Lehrer:** Das Gehirn wird entfernt.
> **Schüler:** Echt? Kann man dann noch leben?
> *Klasse 6*

Die hirnlosen Mumien bekamen dann Gegenstände mit ins Grab. Das hielten in unserer Gegend auch die Kelten so. Unklar ist allerdings, an was genau sie dabei glaubten:

»Die Kelten gaben ihren Toten Gegenstände mit ins Grab, da sie an ein Leben vor dem Tod glaubten.«

Dumm gucken mit Griechen und Römern

Das antike Griechenland im Jahrtausend vor Christi Geburt nimmt üblicherweise in der sechsten Klasse einigen Raum ein. Die damalige Vorstellungswelt mit eindrucksvollen Göttern ist vielen Kindern dank einiger beliebter Jugendbücher nicht unbekannt. Was sie nicht genau wissen: Gab's das wirklich, und wenn ja, wann? In einer Schule skizzierte die Lehrkraft zur Einführung des neuen Themas »Griechenland« einen Zeitstrahl an die Tafel, markierte das Jahr null, stellte eine Frage – und bekam haarsträubende Antworten:

Frage: Warum eigentlich ist jetzt gerade das Jahr 2019?
Antwort 1: Weil letztes Jahr 2018 war.
Antwort 2: Weil vor 2019 Jahren der Urschlaf war!
Jemand ergänzt:
Antwort 3: Das mit den Meteoriten und so!

Antwort 4: Weil die Chinesen bei Null Silvester erfunden haben, damit sie Feuerwerke verkaufen können.
Antwort 5: Weil Gott das so will.
Klasse 6

Uiii, wenn es schon an der Zeitrechnung scheitert, was wird da noch kommen an Weisheiten über die Griechen? Sie erfanden ja erste demokratische Systeme – etwa das Scherbengericht, ein Verfahren, mit dessen Hilfe in Athen abgestimmt wurde, ob unbequeme oder zu mächtige Bürger verbannt werden sollten. Dabei ritzten Teilnehmer die Namen von unliebsamen Mitmenschen auf Tonscherben. Und das hatte dann noch schlimmere Folgen, als dieser Schüler annimmt:

Aufgabe: Erkläre das Scherbengericht. Was passierte in Athen mit ungeliebten Personen?
Antwort: Nichts. Sie wurden nur dumm angeguckt.
Oberstufe, Berufliche Schule

Frage: Überlege, warum Alexander der Große am Ende seines jahrelangen Feldzuges, der ihn bis nach Indien gebracht hatte, seinen makedonischen Soldaten und Gefolgsleuten befahl, persische Frauen zu heiraten.
Antwort: Die Männer waren ja lange weg. Und als sie dann nach Hause kamen, musste ja jemand kochen. Und die Wäsche musste gemacht werden.

Äh, um die Wäsche ging es Alexander dem Großen eher nicht. Vielleicht erhoffte er sich eine neue Generation von Soldaten oder wollte sein Reich konsolidieren, indem er Frieden zwischen Makedoniern und Persern stiftete. Aber kochen und waschen: nö. Übrigens stellte eine Geschichtslehrerin eines Gymnasiums fest, dass sich ihre Schüler außerordentlich für das Liebesleben der Griechen in der Antike interessierten. So sehr, dass sie in jeder Klausur etwas dazu las, auch wenn es gar nicht gefragt war. Das liest sich dann so:

»Da treibt es der Gott mit der Schwester und der Cousine, und das zeigt uns, dass die Griechen genauso waren.«
Gymnasium

Frage: Wann war die Blütezeit der Etrusker?
Antwort: Im Frühling.
Klasse 5

Und dann wurde irgendwann auch Rom gegründet, ein sagenumwobener Moment. Zunächst war Rom noch von den Etruskern beherrscht. Doch wer legte noch gleich den ersten Stein? Die Quellenlage aus dieser Zeit ist zugegebenermaßen sehr schlecht, es kann aber ziemlich sicher gesagt werden, dass die folgenden Antworten nicht zutreffen. Die sind eher aus der Kategorie »Ich sag mal irgendwas, vielleicht stimmt's ja«.

Frage: Wer waren der Sage nach die Gründer Roms?
Antwort: Alfa und Romeo.
Klasse 6

Aufgabe: Erkläre, warum die Römer den Limes bauten.
Antwort: Weil sie es konnten?

»Cäsar liebte nur seine Soldaten. Als er aber Kleopatra kennengelernt hatte, erkannte er, dass auch eine Frau was zu bieten hatte.«
Klasse 7

Kurzer Exkurs noch mal zu unserer Zeitrechnung, zur Orientierung, falls ein paar Schüler dieses Buch zur Hand nehmen: Ein paar Jahrzehnte nach Cäsars Tod erblickte dann Jesus von Nazareth das Licht der Welt. Seine Geburt und sein Leben wurden in der Kunst tausendfach festgehalten. Nicht alle Schüler sind allerdings bibelfest genug für die Gemälde Leonardo da Vincis.

Aufgabe: Beschreibe das Bild »Das letzte Abendmahl« von Leonardo da Vinci.
Antwort: Man sieht Jesus und seine 12 Freier.
Oberstufe

Das Mittelalter: »Der Klerus ging mit seiner Frau zum Strand«

In der Schule fliegen die Jahrhunderte nur so vorbei, und nächster ausführlicher Gegenstand geschichtlicher Betrachtungen nach der Antike ist das Mittelalter. Je nach Auffassung dauerte diese Epoche bis zu 1000 Jahre, und besonders eindrucksvoll werden oft die Lebensverhältnisse der Menschen in dieser Zeit geschildert. Da bleibt sogar einiges hängen, wenn auch mit kleinen Mängeln:

»Im Mittelalter bekam man schon die Todesstrafe, wenn man eine Kippe auf den Boden geworfen hat.«

Berufsschule Friseurhandwerk

»Die Mönche im Kloster haben sich oft selbst bestraft, aus Bescheidenheit.«

Frage: Wie wurde im Mittelalter in der Schule bestraft?

Antwort: Meistens mit Rutenhieben oder Kopfnüssen, Schmerzen waren nicht auszuschließen.

»In der Schule ging es hart zu, genauso wie im Leben, zum Beispiel Latein usw.«

Frage: Was geschah mit dem Frankenreich nach dem Tod von Kaiser Karl?
Antwort: Es teilte sich in drei Hälften.
Klasse 7

Die Ständeordnung im Mittelalter unterteilte ja die Gesellschaft in drei Gruppen: die Geistlichen, den Adel und die Bauern. Wer aber »geistlich« mit »göttlich« verwechselt und gedanklich noch der Unterrichtseinheit »Griechenland« nachhängt, bringt folgende abstruse Antwort zustande:

Frage: Was war der Klerus?
Antwort: Klerus ging mit seiner Frau zum Strand. Die Frau wurde von einem Minotaurus (halb Mensch, halb Stier) angefallen und wurde von beiden schwanger. Und ihr Kind hieß »Merowech«, so entstand der Name »Merowinger«.
Klasse 7, Gymnasium

Übrigens nennt man den bedeutenden Architekturstil des Mittelalters, in dem etwa der Kölner Dom und die Nürnberger Frauenkirche erbaut wurden, die Gotik. Diese Phase wird vielleicht auch noch ewig andauern:

Lehrer: Wann war die Gotik?
Schüler: Von 1500 bis 4000 nach Christus.

Lehrer: Aha, was haben wir jetzt?
Schüler: Weiß ich nicht.
Gymnasium Bayern

Die 95 Thesen des Luther Matthäus

Es geht mit Riesenschritten weiter. Martin Luther stieß 1517 die Reformation an, das Christentum spaltete sich in verschiedene Konfessionen, der Klerus stand pauschal unter Korruptionsverdacht. Vier Jahre später berief Kaiser Karl den Reichstag zu Worms ein, zu dem auch Martin Luther erschien – was nicht verhinderte, dass er anschließend geächtet wurde.

Frage: Weiß jemand von euch, wo Worms liegt?
Zwei Minuten betretenes Schweigen.
Schüler: Navi!
Klasse 8

Frage: Wer nagelte voller Zorn seine 95 Thesen an die Schlosskirche in Wittenberg?
Antwort: Luther Matthäus.
Klasse 6

Frage: Was feiern wir am Reformationstag?
Antwort: Luther nagelte die 95 Projekte an die Wand.

Mit der Französischen Revolution wurde der feudal-absolutistische Ständestaat ganz abgeschafft. Das war allerdings nicht ganz ungefährlich, denn es gab infame Hinrichtungsmethoden durch Vergiftung:

»In Frankreich hat man die Verbrecher früher mit der Gelatine hingerichtet.«

»Zum Erwachen des dritten Standes führte unter anderem die ungerechte Ständerverteilung.«
Klasse 11

Aufgabe: Nennen Sie die Belastungsfaktoren für den französischen Absolutismus am Vorabend der Französischen Revolution.
Antwort: Die Leute waren abends alle in der Kneipe und kamen am Revolutionstag nicht aus dem Bett, weil sie zu betrunken waren.
Klasse 11, Berufsoberschule

Das ist eine anschauliche Szene, war aber wohl nicht gefragt. Oder spricht hier ein Schüler von sich selbst? Ausreden, sich um eine Antwort zu drücken, gibt es ja viele, auch wenn es um den Ersten Weltkrieg geht:

Wiederholungsstunde Erster Weltkrieg.

Frage: Was geschah 1917?
Antwort: Das kann ich nicht wissen, ich bin erst 14 Jahre alt.
Klasse 9, Hauptschule

Frage: Wer hat schon mal vom Attentat auf Franz Ferdinand gehört?
Antwort: Dem Wildschwein im Fernsehen?
Klasse 7

Kurz zur Aufklärung, warum Schüler den Thronfolger von Österreich-Ungarn mit einem TV-Wildschwein verwechseln: Es gibt eine österreichische Kindersendung mit einer lilafarbenen Handpuppe, dem Wildschwein Franz Ferdinand. Dass deren Ermordung nicht den Ersten Weltkrieg auslöste, hätte allerdings auffallen müssen.

Auch zum Zweiten Weltkrieg überbieten sich Schüler mit den herrlichsten Verwechslungen. Wasserbomben in Nagasaki, Israels Wehrmacht und das Nazi-Gedankengut der SED – warum nicht mal alles anders wild kombinieren? History-Freestyle, yeah!

Aus einer Klassenarbeit:

Schüler: Als sich der Zweite Weltkrieg seinem Ende näherte, kamen in Nagasaki und Hiroshima erstmals auch H_2O-Bomben zum Einsatz.

Lehrer: Mit Kohlensäure oder ohne?

Klasse 8, Gymnasium

Aufgabe: Legen Sie dar, weshalb Israel 1948 den Palästinakrieg gewann.
Antwort: Weil sie die Wehrmacht hatten?

Abiturprüfung

»Die SED hatte großen Einfluss auf das Bildungssystem. Schon früh wurde das nationalsozialistische Gedankengut an die Kinder weitergegeben.«

Klasse 12, Gymnasium

Frage: Was war die Sowjetunion?
Antwort: Eine Fabrik.

»Willy Brandt schloss mit Polen den Warschauer Pakt, um die Annäherung voranzutreiben.«

Klasse 12, Leistungskurs Gymnasium

Frage: Wie hat sich die Kriegsführung im 20. Jahrhundert geändert?
Antwort: Zum Beispiel gibt es die Bürgermeisterkriege. Und es gibt neue Waffeln. Die meisten kommen aus den USA.

Klasse 10

»Demokratie ist keine Einhornstraße«

Im Politikunterricht wird klar, wo die Jugendlichen mit ihren Gedanken sind. In den Antworten zu politischen Systemen und Bündnissen tauchen nämlich ein paar Lieblingsthemen auf: Es geht um Essen und Einhörner, Mobiltelefone und Körperflüssigkeiten. War sonst noch irgendwas wichtig?

Frage: Was sind die Vorteile der EU?
Antwort: Essen. Ganz einfach, weil man überall alles essen kann.
Klasse 10, Gymnasium

Aufgabe: Nenne fünf Mitgliedstaaten der EU.
Antwort: Österreich, Frankreich, Deutschland, Italien, Schweiß.
Klasse 9, Oberschule

Aufgabe: Vergleichen Sie das heutige System mit dem einer Diktatur.
Antwort: Demokratie ist keine Einhornstraße.
Klasse 12

Frage: Welche sechs Parteien sitzen momentan im Bundestag?
Antwort: CDU/CSU, SPD, die Grünen, AFD, die Linke und die PDF.

Frage: Was versteht man unter Gewaltenteilung?
Antwort: Das ist so: Wenn zum Beispiel fünf Typen ein Gebäude bauen wollen und deswegen die Aufgaben verteilen, dann machen die Gewaltenteilung.
Klasse 10, Oberschule

Frage: Welche Einnahmen hat eine Gemeinde?
Antwort: Verführungssteuer.
Oberstufe

Apropos Verführung: Autos scheinen kein großes Thema für die jetzige Schülergeneration zu sein, das zumindest legt die nächste Antwort nahe. Autoindustrie und Personenkraftwagen als Transportmittel sind vielleicht einfach nicht mehr so zukunftsweisend. Ganz anders als das Unternehmen mit dem Apfel.

Aufgabe: Nenne die Bedeutung der olympischen Ringe.
Antwort: Das ist das Zeichen von einem ganz, ganz alten Audi.
Klasse 6

Frage: Welche Erfindung aus der Zeit der industriellen Revolution hat alles verändert?
Antwort: Apple.

Ein Leben ohne Smartphone ist aus Sicht der Generation Z ja sowieso Steinzeit-Niveau. Allerdings sind nicht nur die Schüler manchmal wirr und unberechenbar. Auch ihre Lehrer können ganz schön abgedrehte Aktionen bringen. Das nächste Kapitel handelt von lustigen Anekdoten, die Schüler über ihre **schrägen Pädagogen** zu erzählen haben.

Ich möchte mich erst mal bei euch allen entschuldigen, dass ich letzte Woche gesagt habe, ihr wäret die furchtbarsten Menschen, die mir je begegnet sind. Gestern Abend habe ich eure Eltern kennengelernt …
H&B

»Unser Lehrer hat das Schwammwasser getrunken«: Seltsame Pädagogen

Lehrer arbeiten oft bis zum Umfallen, versuchen ihren Schülern beizubringen, so viel sie können, denken sich spannende Exkursionen aus, sind Seelentröster und ertragen nervige Eltern. Sie ermutigen die Schüchternen, bändigen die Starken, maßregeln die Frechen. Doch Lehrer können auch seltsam sein, an moderner Technik scheitern oder im Klassenzimmer mit dem Stuhl umkippen – und dabei aus Versehen furzen. Ist wirklich passiert. Andere geben ihren Schülern sonderbare Aufgaben oder haben merkwürdige Spleens, so wie die Kunstlehrerin, die mit ihren nackten Füßen die Noten erspürte. Ein anderer Pädagoge rastete derart aus, dass er seine Armprothese durchs Klassenzimmer schleuderte. Wie sehr oder vielmehr woran man sich aus seiner Schulzeit erinnert, hängt auch viel von solchen Begebenheiten ab. Und dabei bleiben einem die kauzigen Lehrer wohl am meisten im Gedächtnis. Lesen Sie hier von skurrilen Erlebnissen mit nerdigen oder exzentrischen Lehrkräften.

Absurde Aufgaben: Schülerin muss im Unterricht eine Geburt nachstellen

Dass Lehrer auch nur Menschen sind, mit Gefühlen, Fehlern und Gebrechen, merken Schüler recht schnell. Doch während es einigen Pädagogen ganz gut gelingt, ihre Emotionen und ihr Privatleben weitestgehend aus dem Klassenzimmer herauszuhalten, tragen andere ihre persönlichen Befindlichkeiten absichtlich in den Unterricht hinein – und leben sie dort gnadenlos aus.

Strammgestanden

»In der neunten Klasse mussten wir zu Beginn jeder Französischstunde ein Spalier bilden und die französische Nationalhymne – die Marseillaise – singen. Unser Französischlehrer schritt dazu das Spalier im Stechschritt ab.«

Heimliche Leidenschaften

»Unser Altgriechischlehrer ließ uns einmal die Vorhänge zuziehen und teilte die Klasse in zwei Gruppen: Orchester und Tänzer. Wir im Orchester sollten so tun, als wären wir Geigen, Bratschen, Cellos und so weiter, und einen Walzer ›spielen‹ beziehungsweise summen. Die anderen Klassenkameraden mussten dazu tanzen. Unser Lehrer stand währenddessen auf dem Pult und dirigierte.«

Auch dieser Mathematiker hatte offenbar eine Schwäche für Musik – und Sport:

Und noch mal, und noch mal

»Unser Mathelehrer ließ uns Schüler in der Oberstufe auf dem Gymnasium regelmäßig zu dem Lied ›Laurentia, liebe Laurentia mein‹ viele, viele Kniebeugen machen, um uns etwas Bewegung zu verschaffen und für eine bessere Konzentration zu sorgen. Ich kam mir sehr albern dabei vor, freute mich aber jedes Mal über die fünf Minuten Pause vom Mathestoff.«

Andere Lehrer erhoffen sich von körperlicher Ertüchtigung nachhaltige Lerneffekte in Sachen Empathie.

Euch geht's viel zu gut!

»Wir mussten in der elften Klasse in Spanisch einen vollen Zehn-Liter-Wasserkanister zweimal durchs Schulgebäude tragen, um nachvollziehen zu können, was bolivianische Frauen jeden Tag durchmachen, wenn sie Trinkwasser an Brunnen holen.«

Wenn Worte nicht ausreichen

»Unser Deutschlehrer war gerade Vater geworden und unfassbar beeindruckt von der eigenen Leistung. Er schilderte uns die Geburt sehr bildgewaltig und bat dabei eine Schülerin – wir waren in der achten Klasse – zu sich und spielte mit ihr die Austreibungsphase nach. Sie saß dabei wie auf dem Gynäkologenstuhl auf seinem Schoß. Danach schilderte er noch, wie er die Plazenta seiner Frau im Garten begraben hat.«

Zu dieser wahrlich grotesken Anekdote fügte die Einsenderin noch hinzu: »Rückblickend und vor allem in Zeiten von #MeToo eigentlich ein Fall für den Richter.« Absolut! Auch andere Lehrer überschreiten eindeutig die **Grenze ins Private.**

Geldprobleme

»Thema im Unterricht war die auseinanderklaffende Einkommensschere in den Achtzigerjahren. Unser Lehrer fühlte sich als Oberstudienrat offenbar unterbezahlt, und wir bekamen die Hausaufgabe, die Jahreseinkommen unserer Eltern offenzulegen.
Die Schüler, die sich geweigert hatten beziehungsweise deren Eltern sich geweigert hatten, bekamen eine Fünf.«

Intimsphäre – schon mal gehört?

»Unser Deutschlehrer gab uns, passend zum entsprechenden Kapitel im Buch ›Crazy‹, die Aufgabe, eine kurze Geschichte über unser erstes Mal zu schreiben. Die Klasse weigerte sich jedoch kollektiv, diese Aufgabe zu erfüllen.«

Kuchen backen oder bei der Lehrerin im Garten Rasen mähen? Komisch, dass plötzlich alle Teilnehmer des Englisch-Grundkurses zu Konditoren wurden.

Strafarbeit = Geschenk für die Lehrerin
»Die Englischlehrerin meines Bruders hatte sich sehr spezielle Strafen fürs Zuspätkommen oder für vergessene Hausaufgaben ausgedacht: Die Oberstufenschüler im Englisch-Grundkurs mussten wahlweise für die nächste Stunde einen Kuchen backen oder der Lehrerin eine schöne Briefmarke mitbringen oder bei ihr zu Hause den Rasen mähen. Die meiste Zeit wurde deshalb im Unterricht Kuchen gegessen.«

Nackte Füße, Nikotin und Achselschweiß: Lehrer und ihre körperlichen Bedürfnisse

Wenn in einer neunten Klasse einige 15-Jährige morgens

nicht duschen, das Lieblings-T-Shirt dreimal in Folge anziehen oder einfach pubertieren und dabei vergessen, den Klassenraum zu lüften, ist das Ergebnis für Lehrer mit Sicherheit kein sinnliches Vergnügen. Aber: Schüler müssen manchmal auch ganz schön unter der hemmungslosen Körperlichkeit ihrer Lehrer leiden.

Igittigitt!
»Wir hatten einen Mathelehrer, der, sobald es warm genug war, gern Sandalen trug. Während der Stunde setzte er sich regelmäßig auf einen Stuhl neben der Tafel, zog seine Schuhe aus und pulte beim Reden an und zwischen seinen Zehen herum.«

Wo gehobelt wird
»Unser Musiklehrer am Gymnasium wischte sich beim Klavierspielen immer mit einem Taschentuch den Schweiß unter den Achseln ab. Dann knöpfte er sein Hemd auf und spielte mit dem Tuch unter den Armen weiter.«

Warum?
»Unser Musiklehrer und Chorleiter spielte an seinem Flügel ausschließlich ohne sein Gebiss – er legte es vorher vor sich auf dem Flügel ab.«

Auch dieser Lehrer entledigte sich in Ausnahmesituationen eines Körperteils:

Vorsicht, Prothese!

»Wenn sich unser Französischlehrer ärgerte, schnallte er sich seine halbe Armprothese ab und schleuderte sie durch die Klasse.«

Pfui

»Einer unserer Physiklehrer nutzte gern den Overheadprojektor mit Folien, auf die er mit abwaschbaren Folienstiften schrieb und zeichnete. Wenn er etwas korrigierte, spuckte er zunächst auf die Folie, um damit dann den Stift wegzuwischen – und wir sahen seine Spucke exakt und vergrößert an der Wand.«

Schmerzbefreit und ungeniert! Manchmal passieren Lehrern aber auch **ungewollte Peinlichkeiten**, Malheurs, die sie am liebsten sofort ungeschehen machen würden. Wären da nicht 25 Zeugen.

Wer war das?!

»Unser Lehrer ging bei einer Klausur von Platz zu Platz und kontrollierte dabei die Arbeiten der Schüler. Wegen der vielen Beugebewegungen entglitt ihm schließlich ein Furz. Alle schauten erschrocken zu ihm. Unser Lehrer schnellte hoch und schrie mit hochrotem Kopf: ›Wer war das?!‹«

Wehe, ihr erzählt das!

»Eines Tages rollte unser Mathelehrer mit seinem

Drehstuhl rückwärts durch den Klassenraum, blieb mit einer Rolle an einem Schulranzen hängen und kippte nach hinten um. Totenstille in der Klasse. Genau in dem Moment entfuhr dem Lehrer lautstark ein Lüftchen. Allen Schülern platzte fast der Kopf, weil sie ihr Lachen unterdrückten. Dann endlich fing der Lehrer selbst an, laut zu lachen, und verkündete, dass jeder eine Sechs bekomme, der es auf dem Schulhof erzählt.«

Andere Lehrer leiden an **Krankheiten, Süchten oder anderen Gebrechen**, die sich nicht vor ihren Schülern verbergen lassen. Einige versuchen es aber auch gar nicht erst.

Pssst ...
»Unser Englischlehrer hat, sobald er auch nur leicht erkältet war, versucht, die Klasse schweigend zu unterrichten. Es kamen sogar andere Lehrer zum Stundenbeginn mit, um die Situation zu erklären. Natürlich ging der stumme Unterricht immer schief, und nach kurzer Zeit war Partystimmung in der Klasse. Es wurde dann regelmäßig so wild, dass der Lehrer irgendwann anfing rumzuschreien und somit komplett seine Stimme verlor.«

Nicht ganz auf der Höhe
»Wir warteten im Unterrichtsraum im dritten Stock des Schulgebäudes auf unsere Biologielehrerin. Nach fünf Minuten erschien die Schulsekretärin, die uns

mitteilte, dass der Unterricht an diesem Tag im Erdgeschoss stattfinden würde, da unsere Lehrerin eine Ohrenentzündung habe und deshalb die Höhenluft nicht vertrage.«

Geradeheraus

»Unser Mathelehrer hat uns immer zwei Parallelen mit seinen Mittelfingern gezeigt. Zur Begründung sagte er, seine Zeigefinger seien nicht gerade genug.«

Was im Straßenverkehr bis zu 4000 Euro Strafe kosten kann, geht im Klassenzimmer einfach so durch. Ist ja nur Spaß! Der folgende Lehrer kann einem eigentlich nur leidtun, schön für die Schüler in der ersten Reihe ist es trotzdem nicht:

Leise rieselt die Schuppe

»Unser Englischlehrer litt an Schuppenflechte und kratzte sich während des Unterrichts am Kopf und im Gesicht, wo es ihn gerade juckte. Gegen Ende der Stunde wischte er die auf seinem Pult liegenden Hautschuppen fein säuberlich zusammen, schob alles in ein Taschentuch und steckte das Päckchen in seine Hosentasche.«

Der alte Mann und die Tafel

»Die Sehkraft unseres Mathelehrers war schon recht angegriffen. Einmal wollte er ein Koordinatensystem mit Graphen an die Tafel zeichnen. Nach 20 Minuten war die Tafel voller Striche und Buchstaben, die willkürlich verteilt waren. Der Höhepunkt war aber, als er eine senkrechte Linie malen wollte und dabei so fest mit der Kreide aufdrückte, dass er die gesamte Tafel nach unten schob und somit nur einen Punkt zeichnete.«

Wie in allen Berufsgruppen und Gesellschaftsschichten haben auch Lehrer Laster und Süchte. Einige gehen damit jedoch recht, nun ja, offensiv um:

Recht auf Rauch

»Wir hatten einen Mathelehrer, der uns im Erdgeschoss immer nur durchs Fenster hindurch unterrichtet hat, damit er selbst draußen stehen konnte, um die ganze Zeit zu rauchen. Den Projektor hatte er so nah rangeschoben, dass er ihn auch durchs Fenster bedienen konnte. Wurden wir zu unruhig, setzte er zu einem beherzten Sprung ins Klassenzimmer an.«

Ich geh mal »was kopieren«

»Unser Lateinlehrer hatte offensichtlich ein Alkoholproblem. Mindestens einmal in der Stunde verschwand er aus der Klasse, ›um etwas zu kopieren‹. Er ging ohne Blätter weg, kam ohne Blätter wieder – hatte aber stets ein Pfefferminzbonbon im Mund. Der Ausdruck ›etwas kopieren gehen‹ wurde an unserer Schule zum Synonym für ›sich betrinken‹.«

Verrückte Aktionen: »Unser Lehrer hat unsere Pausenbrote aufgegessen«

Buttersäure stinkt ekelerregend – deshalb wird sie ja auch zur Herstellung von Stinkbomben verwendet. Doch einen Lehrer schien das nicht zu stören: Er unterrichtete trotz des Gestanks einfach weiter, während den Schülern reihenweise schlecht wurde. Auch sonst sind einige Lehrer ziemlich schmerzbefreit. Oder einfach nur schamlos.

Lecker, ist das mit Salami?

»In der zwölften Klasse hatten wir einen jungen Mathelehrer, der, wenn wir im Unterricht anfingen zu essen, unsere Pausenbrote konfiszierte und sie vor unseren Augen selber aufaß.«

Durstiger Deutschlehrer

»Unser Deutschlehrer hat einmal den Tafelschwamm ausgedrückt und das braune Wasser getrunken, weil er Durst hatte, wie er sagte. Ein anderes Mal hat er einen angebissenen Apfel aus dem Müll geholt und gegessen – mit den Worten: ›Da war doch noch was dran.‹ Im Lehrerzimmer hat er sich auf den Tisch gelegt und dort geschlafen. Ansonsten hat er immer wieder versucht, uns vom Schwarzfahren zu überzeugen.«

Interessante Lehransätze, die dieser Pädagoge verfolgt: auf Tischen schlafen, aus dem Müll essen und schwarzfahren. Andere Lehrer demonstrieren ebenfalls gern Zusammenhänge – an sich selbst. Doch nicht immer geht es gut, wenn Pädagogen sich freiwillig zum Versuchskaninchen machen.

Ooopsi

»Im Physik-Leistungskurs wollte unser Lehrer uns demonstrieren, dass sich gleichartige Ladungen abstoßen. Dazu stellte er sich auf eine Styroporplatte, legte seine Hand auf einen Bandgenerator und schaltete ihn ein. Er wurde dadurch elektrisch aufgeladen, bis seine langen roten Haare in alle Richtungen vom Kopf abstanden. Experiment gelungen! Um sich wieder zu entladen, stieg er von der isolierenden Platte und fasste den Wasserhahn an. Es blitzte kurz auf, und er bekam einen so heftigen Schlag, dass er für den Rest der Stunde nicht mehr in der Lage war, vernünftigen Unterricht zu halten.«

Bombenstimmung

»Unser Religionslehrer hat in den Siebzigerjahren mal sein Hosenbein hochgekrempelt und mit einem Magneten an seinem Oberschenkel herumgespielt.

Er erklärte uns, er habe Bombensplitter im Bein und könne die Magnetkraft spüren.«

Wie geht rülpsen?

»Unser Chemielehrer schickte mich in der großen Pause los, um eine Flasche Selters zu kaufen. Am Anfang der darauffolgenden Stunde trank er vor uns Schülern die halbe Flasche leer, rülpste dann lauthals in die Klasse und sagte: ›Die starke Säure, also die Magensäure, treibt die schwache Säure, also die Kohlensäure, aus.‹«

Didaktisch sei diese Darbietung allerdings kaum zu überbieten, meint der betreffende Schüler im Nachhinein. Das mag auch für die folgende Aktion eines extrem hartgesottenen Lehrers gelten.

Unterrichten mit Ekel

»Wir hatten im Chemieraum eine Stinkbombe platziert, auf die unser Lehrer auch prompt drauftrat. Unsere Hoffnung, dass er daraufhin die Stunde abbrechen würde, erfüllte sich jedoch nicht. ›Mmhmm‹, schnupperte er und verzog nicht einmal das Gesicht, ›Buttersäure! Dann kennen Sie das jetzt auch.‹ Daraufhin zog er knallhart die Stunde durch, während uns allen schlecht war.«

Unterrichten in Unterhose

»Wir hatten einen jungen Referendar in Mathematik.

Eines Tages riss ihm, zu Beginn der Stunde, beim Absetzen des Diaprojektors die Hose genau am Hintern. Er meinte nur: ›Leute, mir ist gerade die Hose gerissen‹, und unterrichtete ansonsten ungerührt weiter. Während der gesamten Stunde lief er wie gewohnt durchs Klassenzimmer, sodass wir alle einen Blick auf seine Unterhose unter dem herabhängenden Stofffetzen erhaschen konnten.«

Unterrichten unter Schmerzen

»In meinem ersten Jahr auf dem Gymnasium hatten wir einen Deutschlehrer, der kurz vor seiner Pensionierung stand. Um uns den Begriff Konjugation zu erklären, ahmte er mit schmerzverzerrtem Gesicht einen Eisenbieger nach und sagte dabei: ›Das Verb erleidet große Schmerzen, aber es muss gebeugt werden. Das ist die Konjugation!‹«

Schmerzaffin ist offenbar auch diese Lehrerin, allerdings eher in Richtung Sadismus als Masochismus:

Ein Schüler eines Gymnasiums erzählt:

»In der Unter- und Mittelstufe hatten wir eine sehr schrille Chemielehrerin. Einmal hatte sie einen Artikel über britische Ladenbesitzer gelesen, die mit skurrilen Tricks Kinder und Jugendliche von ihren Geschäften fernhalten wollten. Eine Abschreckmethode war das sogenannte ›Moskito-Summen‹. Das ist ein Ultraschall-Störgeräuschsender, der extrem hohe und schrille Töne von sich gibt, welche nur Kinder und Jugendliche bis zu einem bestimmten Alter hören können. Meine Chemielehrerin war davon derart begeistert, dass sie sich so eine Hochton-Anlage kaufte. Daraufhin piepte es jedes Mal, wenn wir laut waren, zehn Minuten lang.«

Lehrkräfte stehen zwar unter ständiger Beobachtung durch ihre Schüler, doch Vorgesetzte bekommen zumeist wenig bis gar nicht mit, was die Pädagogen in ihren Klassen veranstalten. So können auch **Exzentriker** ungestört im Schulalltag ihre Marotten ausleben.

Ich sehe was, was du nicht siehst

»Unser britischer Englischlehrer Mr. C. war sehr speziell. Obwohl er erst in seinen Dreißigern war, hatte er schon ein rabenschwarzes Toupet und schien immer denselben blauen Pullover und immer dieselbe grau melierte Bundfaltenhose mit leichtem Schlag zu tragen, mit dem immer gleichen einen Fleck – wir vermuteten Eigelb vom Frühstücksei – am Oberschenkel. Noch spezieller war seine Methode, uns vom Spicken abzuhalten: Während der Klassenarbeiten saß er regungslos hinter seinem Pult und beobachtete uns – durch eine verspiegelte Pilotensonnenbrille, durch die man seine Augen und deren Blickrichtung nicht erkennen konnte.«

Catwoman

»Unsere Biologielehrerin war sehr alternativ und lebte auf einem ehemaligen Bauernhof. Zwei Wochen nach der schriftlichen Abi-Probeklausur teilte sie uns mit, dass wir die Arbeit erst in acht oder neun Wochen zurückbekommen könnten. Ihre Katze hatte sich den Stapel mit unseren Klausuren für die Geburt ihrer vier Jungen ausgesucht, und die Lehrerin brachte es nicht übers Herz, die Katzenfamilie umzusiedeln. Zudem erwähnte sie, dass sie auch noch nicht abschätzen könne, inwieweit die obenauf liegenden Arbeiten in Mitleidenschaft gezogen worden seien und ob die Probeklausur daher wiederholt werden müsse.«

Eine Kollegin fiel vor Schreck in Ohnmacht

»Ein Sportlehrer unserer Schule kämpfte jahrelang erfolglos bei der Schulleitung um eine Unterrichtsverkürzung, da er aufgrund der Akustik in den Sporthallen unter Hörproblemen litt. Um sein Anliegen nochmals zu verdeutlichen, erschien er bei einer Lehrervollversammlung in der Aula mit einem voll aufgedrehten Gettoblaster. Der Rektor verwies ihn daraufhin des Saales. Mit den Worten ›Gut, dann aber auf direktem Weg‹ sprang der Sportlehrer vor den Augen des gesamten Kollegiums aus dem Fenster im dritten Stock. Was niemand wusste: Er hatte vorher einige Hochsprungmatten aus der Sporthalle unten platziert. Eine Kollegin fiel vor Schreck in

Ohnmacht. Der Lehrer blieb bis auf eine kleine Platzwunde an der Stirn unverletzt.«

Kannste dir nicht ausdenken. Sogar der örtliche Radiosender soll damals über den Vorfall berichtet haben. Leider gibt es immer wieder Situationen, in denen Lehrer sich völlig vergessen und ausrasten. Also wirklich völlig AUSRASTEN.

Schlechte Nerven I

»Unser Englischlehrer wurde regelmäßig wütend, wenn jemand auf Englisch aus Versehen ›informations‹ statt ›information‹ sagte. Als ein Schüler diesen Fehler erneut machte, bat er ihn aufzustehen. Daraufhin nahm der Lehrer dessen Stuhl und warf ihn aus dem Fenster. Der Hausmeister musste den Stuhl dann später aus dem Fluss holen.«

Schlechte Nerven II

»Eine Geschichtslehrerin an unserer Schule war für ihre Wutausbrüche berüchtigt, wenn ihr eine Klasse zu unruhig war. Einmal schlug sie während eines Wutanfalls so hart auf das Lehrerpult, dass sie sich die Hand brach. Leider unterrichtete sie am nächsten Tag schon wieder – mit Gips.«

Schlechte Nerven III

»Physikunterricht in der sechsten Klasse: Es war ein warmer Tag, und der Unterricht war nur mäßig spannend. Die Klasse dämmerte vor sich hin, während

unser Lehrer einen monotonen Vortrag hielt. Eine Schülerin aus der ersten Reihe wippte mit ihrem Fuß und berührte *dabei* jedes Mal leicht sein Tischbein. Auf einmal baute sich unser Lehrer direkt vor ihr auf, trat dreimal mit voller Wucht gegen ihren Tisch und schrie mit hochrotem Kopf: ›Findest du das gut?! Findest du das gut?!‹
Als er unsere erschrockenen Gesichter sah, versuchte er seinen Ausbruch mit einem verlegenen Lächeln und einem kurzen ›Aua‹ als Witz darzustellen.«

Haha, witzig. Not.
Nachhaltig gar nicht lustig fand auch dieser Englischlehrer den – noch recht harmlosen – Witz seiner Schüler:

Beleidigte Leberwurst
»Unser Englischlehrer hatte eigentlich einen guten Draht zu unserer Klasse. Sein Nachname reimte sich allerdings auf das Wort silly, und an einem Tag hatte jemand ›Mr. xxx is silly‹ an die Tafel geschrieben und diese zugeklappt. Was folgte, nachdem unser Lehrer die Tafel aufgeklappt hatte, war katastrophal: Er öffnete seinen Koffer, nahm alle Zettel raus, warf sie durch das Klassenzimmer, hielt uns nach Atem ringend eine Standpauke über Respektlosigkeit, schlug seinen Koffer wieder zu und verließ das Klassenzimmer. Er kam auch danach nicht mehr in den Unterricht, gab unsere Klasse ab und grüßte keinen von uns mehr auf dem Pausenhof.«

Verrückte Spleens: »Unser Geschichtslehrer trug seine Schlafanzughose unterm Anzug«

Abgesehen von den Lehrplänen und den Stundenplänen lässt der Lehrerberuf recht viele Freiheiten – inhaltlich und im Sinne der Persönlichkeitsentfaltung. Aber verbergen können Pädagogen trotzdem nichts. Schließlich haben sie nicht die Möglichkeit, einfach morgens ihre Bürotür hinter sich zu schließen und sich abends wieder rauszuschleichen. Ihre Zwänge und Marotten sind vielmehr für alle Schüler sichtbar.

In Gedenken an Caesar

»Mein Lateinlehrer stellte bei Kurztests immer 23 Fragen, weil Caesar mit 23 Messerstichen getötet wurde.«

Der Ein-Blatt-Zwang

»Eine Lehrerin von uns wollte immer, dass wir alle Exzerpte oder Buchbesprechungen auf einem einzigen Blatt abgeben. Die Schriftgröße war ihr egal. Wenn man es wirklich genau und ausführlich machen und 15 Punkte haben wollte, musste man teilweise Schriftgröße 5 verwenden.«

Grün, grün, grün sind alle meine Kreiden

»Unser Deutschlehrer benutzte immer nur eine bestimmte Kreide aus Italien, die er extra für sich importieren ließ. Regelmäßig klärte er uns über die verschiedenen Farben auf. Als ein Klassenkamerad fragte, was an der grünen Kreide so besonders sei, antwortete der Lehrer, seine Kreide sei nicht einfach grün, sondern apfelgrün, und die rote Kreide sei auch nicht rot, sondern erdbeerrot.«

Der Charakter spiegelt sich ja angeblich auch in dem Auto wider, das jemand fährt. In den folgenden beiden Fällen könnte man demnach vor allem die Eigenschaften Bequemlichkeit und Paranoia herauslesen.

Umweltschutz – was ist das?

»Unser Mathematiklehrer fuhr einen recht betagten VW Käfer. Der Wagen sprang nur an, wenn er angeschoben wurde. Um sich diese Mühe zu ersparen, ließ der Lehrer regelmäßig den Motor im Leerlauf auf dem Schulparkplatz weiterlaufen, bis sein Unterricht für diesen Tag beendet war. Immerhin machte er dies nur an Tagen, an denen er weniger als vier Stunden Unterricht hatte.«

Miss Marple im Klassenzimmer

»Um sein altes englisches Auto vor Diebstahl zu schützen, nahm unser Englischlehrer immer das Lenkrad mit ins Lehrerzimmer. Das Auto trug den

Namen Miss Marple. Jede erfolgreich bestandene TÜV-Prüfung wurde gefeiert, denn wie hätte es ohne Miss Marple weitergehen sollen?«

Absurd wird es, wenn Pädagogen sich derart auf ihre eigenen Prinzipien versteifen, dass das übergeordnete Ziel – nämlich den Schülern etwas beizubringen – dabei völlig untergeht. So wie hier:

Maximale Ineffizienz

»Unsere Physiklehrerin legte immer großen Wert darauf, dass die gesamte Klasse völlig ruhig und leise war, bevor sie ›Guten Morgen‹ sagte. Einmal klappte das überhaupt nicht – irgendwer musste immer lachen und steckte damit wieder andere Schüler an. Die Physikstunde war daher am Ende nur knappe 15 Minuten lang.«

Netter Versuch

»In der Grundschule meiner Tochter unterrichtet eine Referendarin, die laut eigener Aussage sehr lärmempfindlich ist. Wenn der Lautstärkepegel in der vierten Klasse wieder zu weit ansteigt, was mehrfach pro Schulstunde vorkommt, zückt sie ihr Handy, hält es hoch und spielt laut die Harry-Potter-Musik ab, um für Ruhe zu sorgen.«

Banane im Schlafrock

»Wir hatten einen Geschichtslehrer, der in der

Schule mehrmals die Schlafanzughose unter seinem Anzug trug. Hin und wieder öffnete er während einer Schulstunde seinen Aktenkoffer und nahm eine völlig braune Banane heraus, die er dann genüsslich verspeiste – oder er pellte sich ein gekochtes Ei und aß es während des Unterrichts.«

Urgs. Man riecht beim Lesen förmlich das Ei und die überreife Banane. Und das alles im Schlafanzug. Es gibt übrigens auch Lehrer, die sind nicht nur schräg, sondern auch mit überirdischen Kräften gesegnet. Das ist für ihre Schüler allerdings recht, nun ja, irritierend.

Märchenstunde

»In der zwölften Klasse hatten wir eine Biologielehrerin, die fest davon überzeugt war, dass es das bayerische Fabelwesen Wolpertinger wirklich gibt. In den Ferien reiste sie in die Alpen und versuchte, das Tier zu erwischen. Sie kaufte sich dafür sogar eine teure Fotoausrüstung, um es abzulichten und damit seine Existenz beweisen zu können.«

Der Legende nach können die Wolpertinger übrigens nur von hübschen ledigen jungen Frauen gesichtet werden.

Lehrer im Kunstrausch

»Unser Kunstlehrer – immer mit Lederhose, langem Mantel und Bowlingschuhen bekleidet – war von einem Bild derart begeistert, dass er minutenlang immer wieder schrie: ›Ich will da rein!‹«

Lehrerin im Kunstrausch
»Zur Bewertung der Bilder legte unsere Kunstlehrerin die Werke ihrer Schüler auf den Fußboden. Dann zog sie die Schuhe aus und stellte sich barfuß auf ein Bild. Mit geschlossenen Augen erspürte sie anschließend die Note. Zitat: ›Ich nehme hier negative Farben wahr. Drei plus.‹«

Man könnte hier auch eine recht eigenwillige Art der Notengebung wahrnehmen. Aber was wissen wir schon.

Wenn Lehrer keinen Bock haben: Ein Semester lang nur Filme gucken

Es gibt zuhauf falsche Vorurteile über Lehrer: dass sie bei voller Stelle eh nur halbtags arbeiten, die Hälfte des Jahres Urlaub haben und ohnehin eher gemütlich unterwegs sind. Das trifft auf die meisten mit Sicherheit nicht zu, sie sind vielmehr näher am Burn- als am Bore-out. Ein paar gibt es jedoch, die es sich gern leicht und bequem machen.

Demo…, äh, Autokratie, äh, Faulheit

»In der 13. Klasse ließ uns unser Englischlehrer ›demokratisch‹ darüber abstimmen, welches Buch wir in diesem Halbjahr im Unterricht behandeln wollten. Zur Auswahl standen drei Bücher. Die Klasse wählte mit großer Mehrheit das dritte Buch. Daraufhin meinte der Lehrer unbeeindruckt zur verblüfften Klasse: ›Wir lesen das erste Buch, weil ich das gerade auch in der zwölften Klasse behandele.‹«

James Bond forever

»Am ersten Schultag der siebten Klasse bekamen wir einen neuen Religionslehrer. Seine erste Frage an die Klasse lautete: ›Wie schaut's aus, wollt ihr Klassenarbeiten schreiben, oder soll ich einfach jedem eine Zwei eintragen?‹ Nachdem wir mehrheitlich für die Zwei gestimmt hatten, verließ er das Klassenzimmer und kam mit dem Medienwagen zurück. In diesem Schuljahr schauten wir fast alle James-Bond-Filme durch.«

Eingeschränkte Motivation

»Unser Biologielehrer war an einem Tag nicht sonderlich motiviert. Wir waren in der zwölften Klasse und sollten die Evolution durchnehmen. Unser Lehrer gab einem Schüler zehn Mark und schickte ihn mit dem Fahrrad zur Videothek, um ›Jurassic Park‹ auszuleihen. Der Film sollte schließlich zum Thema passen.«

Inzwischen gibt es zwar keine D-Mark mehr und Videotheken auch kaum noch, aber desinteressierte Lehrer sterben wohl nie aus.

Eingeschränktes Namensgedächtnis

»Unser Biologielehrer war nicht in der Lage oder nicht gewillt, sich die Namen der Schüler zu merken. Also redete er jeden mit der Farbe seiner jeweiligen Oberbekleidung an: Der Schüler mit dem blauen Pullover hieß also ›Bläuling‹, der mit dem grünen Hemd ›Grünling‹ und so weiter.«

Geschichtslehrer zu einer elften Klasse:

»Ich überlege, ob ich den Kurs aufteilen soll. Ich mache sowieso immer nur mit der Hälfte Unterricht.«

Thomas ist so still geworden

»Unser Physiklehrer las die mündlichen Noten für das Halbjahr vor. Einige Schüler erhielten Vieren und Fünfen, während Thomas eine Zwei minus bekam. Begründung für das Minus: ›Du bist leider etwas stiller geworden.‹ Das Problem: Thomas war bereits vor einem halben Jahr von der Schule abgegangen.«

Hahaha. Komisch, dass Thomas sich da nicht mehr so viel meldet im Unterricht. Es gibt auch Lehrer, die vergessen nicht nur die Namen ihrer Schüler. Sie vergessen sogar ihren eigenen beruflichen Auftrag.

Welche Note darf's denn sein?
»In der letzten Unterrichtsstunde vor der Notenabgabe in der neunten Klasse fiel unserem Geschichtslehrer auf, dass er vergessen hatte, Klausuren schreiben zu lassen. Also zog er die Liste mit allen Schülernamen hervor und rief uns nacheinander auf. Vor der gesamten Klasse fragte er jeden Schüler, wie dieser seine eigene Leistung und Mitarbeit in diesem Schuljahr einschätze. Je überzeugter man behauptete, man habe fantastisch mitgearbeitet, desto besser fiel die eingetragene Note aus. Ich habe in meiner ganzen Schulzeit nie eine leichtere Eins bekommen.«

Spoiler: Nicht alle Lehrer sind derart verschroben. Vermutlich ist es wie in jedem Job: Es gibt überall schräge Vögel. Die meisten Pädagogen ticken – hoffentlich – ganz normal. Und schlagen sich nur mit dem üblichen Alltagswahnsinn an Schulen rum. Im folgenden Kapitel erzählen einige von ihnen, was sie besonders nervt an ihrem Job – und wie sie mit Kollegen, schlechten Schülern und Gefahren auf Klassenausflügen umgehen. Viel Spaß mit den **Lehrergeständnissen.**

Ich setz euch gleich auseinander !
LEHRER PRIVAT

»Schulausflüge sind die Pest«: Geständnisse aus dem Lehrerzimmer

Die meisten Schüler denken, sie würden ihre Lehrer in- und auswendig kennen. Schließlich haben sie ja mehrere Stunden pro Woche Zeit, sie zu studieren: die Kleidung, die Gestik – und natürlich ihr Verhalten. Was triggert die Deutschlehrerin ganz besonders? Wann kriegt man den Erdkundelehrer dazu, einen Film zu schauen? Und wie verhandelt man am besten mit der Kunstlehrerin über Noten? Doch was ihre Lehrer wirklich denken, planen und bewusst tun oder unterlassen, kriegen viele Kinder und Jugendliche dann doch nicht so genau mit. Denn nur wenige Pädagogen sind so maximal ehrlich wie dieser Geschichtslehrer eines Gymnasiums, der zu einer elften Klasse sagte: »Sicherlich habt ihr am Anfang des Schuljahres, als ihr hier hereinkamt, gedacht: Was für ein Scheißlehrer, und ich habe ehrlich gesagt auch gedacht: Was für ein Scheißkurs.« Was Lehrer normalerweise lieber für sich behalten – lasche Notengebung, der Nerv mit den Kollegen, Horror vor Klassenfahrten –, lesen Sie auf den folgenden Seiten.

»Warum ich Schulausflüge hasse«

Lehrer sind für die Sicherheit ihrer Schüler verantwortlich. Doch wer es genau nimmt mit den Vorschriften, kann eigentlich nur im Schulgebäude bleiben. Das möchte dieser Hamburger Gymnasiallehrer aber nicht – und muss deshalb improvisieren:

»Lehrer gelten als ängstlich und übervorsichtig. Das ist bisweilen sehr uncool, aber mit wem würden Sie Ihre Kinder auf Klassenfahrt schicken? Mit Elyas M'Barek aus ›Fack ju Göhte‹ oder mit einem dieser Fahrradlehrer mit quietschgelber Warnweste und Knieprotektoren? Eben.

Die Schmach an der Ostsee möchte ich trotzdem nicht noch mal über mich ergehen lassen. Während Dreijährige vor den Augen ihrer Eltern im seichten Wasser planschten, etwas ältere Kinder vom Steg sprangen und sich Jugendliche mit Schlingpflanzen bewarfen, durften die Schüler meiner 9. Klasse ihnen nur aus sicherer Entfernung vom Strand aus zusehen. Ich hatte ihnen nämlich verboten, schwimmen zu gehen.

Nie werde ich vergessen, wie mich die hübschen jungen Frauen neben uns von ihren Handtüchern aus anschauten, lachten und tuschelten, als ich den Jugendlichen klarmachte: ›Ihr dürft nicht ins Wasser, ich habe keinen Rettungsschwimmer.‹ Ganz zu schweigen von der Enttäuschung der Kinder. Genauso gut hätte ich sagen können: ›Hört mal alle her, ich denke, ihr solltet es wissen: Ich habe keinen Hoden!‹

Schon am nächsten Tag meldete ich mich für eine Fortbildung zum Rettungsschwimmer an. Und nun sollte der große Tag kommen: Ich hatte eine Tour mit Tretbooten geplant. Insgeheim wünschte ich sogar, dass jemand ins Wasser fallen würde, damit ich ihn dann heroisch retten könnte.

Dann aber erreichte mich eine E-Mail des Bootsverleihs. Durch einen Buchungsfehler seien die Tretboote schon weg, sie könnten uns lediglich Kanus anbieten. Und schon wieder bewegte ich mich in kritische Gefilde: Für Kanutouren brauchen Lehrer in Hamburg zusätzlich einen Kanuführerschein.

Zum Glück hatte ich noch ein wenig Geld in der Klassenkasse und konnte sogenannte Paddelbegleiter für Schulklassen vom Bootsverleih dazubuchen. Im Glauben, nun wirklich auf der sicheren Seite zu sein, standen wir endlich am Kanal und zwängten uns in die orangefarbenen Schwimmwesten.

Nach einer schönen, aber unspektakulären Kanutour auf ruhigem Wasser kam ich mit ihnen ins Gespräch. Warum wir denn Paddelbegleiter brauchten, fragten sie, die würde sonst niemand anfragen; nein, auch keine Schulklassen. ›Ich habe keinen Kanuschein‹, gab ich zu und fühlte mich wieder so ähnlich wie damals am Strand. ›Aber ihr habt ja sicher einen?‹, hakte ich nach. ›Kanu fahren, das kann doch jeder‹, war die Antwort, ›dafür braucht man keinen Schein.‹

Fest steht: Meine Klasse war mit Paddelbegleitern ohne Kanuschein unterwegs. So habe ich also unfreiwillig dann doch noch den M'Barek gemacht. Aber als Lehrer stehe man sowieso immer mit einem Bein im Gefängnis, heißt es ja.«

»Ich gebe nur noch gute Noten«

Ist es gerecht, Schülern die Zukunft zu verbauen, indem man ihnen schlechte Noten gibt? Das hat sich diese Lehrerin aus Nordrhein-Westfalen gefragt – und entschieden: Bei ihr besteht jeder das Abitur.

»Das Beurteilen zählt zu den Aufgaben jedes Lehrers. Dazu schreibt die Kultusministerkonferenz, dass Lehrerinnen und Lehrer ›kompetent, gerecht und verantwortungsbewusst‹ beurteilen sollen. ›Junge Menschen müssen in der Schule erfahren, dass sie fair und gerecht behandelt und beurteilt werden und sie ihre Bildungschancen voll ausschöpfen können.‹

Diesem Satz stimme ich absolut zu, nur: Ist es gerecht, wenn Schülerinnen und Schüler aufgrund meiner Note nicht studieren können oder nicht zum Vorstellungsgespräch eingeladen werden? Woher weiß ich, wie sich jemand in Zukunft noch entwickelt und wozu er fähig ist? Selbst bei meinen eigenen Kindern kann ich das nicht genau sagen.

Es ist eine Illusion, dass Lehrerinnen und Lehrer mit ihren Noten gerecht und verantwortungsbewusst Leistungen widerspiegeln können.

Der Notendruck macht überdies vielen Schülern Angst, er frustriert und manipuliert sie, behindert häufig das Lernen oder auch, dass sie sich zu verantwortungsbewussten Personen entwickeln können. Dabei soll Schule doch ein Ort dafür sein, sich zu entwickeln. Dennoch muss ich Noten geben. Das ist ein Dilemma, das viele Lehrer und Lehrerinnen, mit denen ich spreche, ähnlich empfinden.

Ich hatte das Gefühl, dass ich durch die Notengebung meiner Aufgabe, die Schüler beim Lernen zu unterstützen, nicht mehr genügend nachkam. Als mir das klar wurde, beschloss ich, meine Notengebung umzustellen. Seitdem gibt es in meinem Unterricht nur noch gute Noten: Jeder bekommt eine Studienberechtigung. Gleichzeitig mache ich meinen Lerngruppen die hohen Anforderungen eines Studiums bewusst und berate jeden persönlich.

Da die Noten als Druckmittel wegfallen, ist keine Schülerin und kein Schüler mehr gezwungen, sich mit bestimmten Unterrichtsinhalten auseinanderzusetzen oder sich an etwas anzupassen. Ich muss nun also andere Wege finden, wenn ich möchte, dass sie sich mit einem Thema beschäftigen. Das ist manchmal anstrengend. Aber vor allem macht es ganz viel Freude.

Ich kann mich nun endlich darauf konzentrieren, sinnstiftende Fachinhalte interessant zu vermitteln, weil ich nicht mehr darüber nachdenken muss, ob genug fair überprüfbarer Lernstoff darunter ist.

Und die Kinder und Jugendlichen motiviert es, wenn sie ihr Lernen mehr selbst steuern und verantworten können. Es fühlt sich richtig an, wenn sich alle im Klassenraum aus Überzeugung ruhig verhalten – und nicht aus Angst vor Konsequenzen.«

»Steckt euch eure Geschenke sonst wohin!«

Lehrer nehmen sie sehr ernst: die Geburtstage ihrer Kollegen – und die damit einhergehenden Geschenke. Dazu noch der passende Sinnspruch und ein Lied im Lehrerzimmer. Grauenvoll, findet dieser Pädagoge.

»Mein letzter interessanter Geburtstag war der 18. Ich bin keiner von denen, die bei jedem Zähler mehr auf dem Buckel heulen oder immer wieder 29 werden. Für mich – wie übrigens für die meisten anderen Erwachsenen – ist es einfach nur ein Tag wie jeder andere. Deshalb vergesse ich Geburtstage, inklusive meinem eigenen, auch manchmal.

Nicht aber meine Lehrerkollegen. Von langer Hand geplant, wird da Geld gesammelt, eine Karte geschrieben, werden Blumen organisiert. Bei einem runden Geburtstag war der Strauß sogar mal so groß, dass er kaum mehr in die Biotonne passte. Und ganz wichtig: das Geburtstagsständchen. Dafür muss zwischen Kopien, Korrekturen und Klassenrat in der Pause noch Zeit sein. Lehrer nehmen so etwas sehr ernst.

Altern verpflichtet auch: kein Geburtstag ohne Kuchen, aber bitte Vollkorn mit ganzen Früchten. Twix und Mars werden nicht gerne gesehen.

Ich habe schon mehrmals versucht, meinen Geburtstag zu verheimlichen. Aber es gibt immer irgendeinen Verräter, der mir plötzlich im Lehrerzimmer unverhofft gratuliert. Und jedes Mal plane ich wieder den digitalen Suizid – sicher hat der Kollege auf Facebook geschaut.

Bei 80 Kollegen läppern sich auch die Geburtstagsausgaben: Hast du hier zehn Euro für Irmtraud, da 20 Euro für Gerda, sie wollte schon immer Tango lernen. Lehrer sind bei so etwas penetrant stilsicher. Zu jedem Ereignis das passende Geschenk: bestickte Bodys für Kind eins, zwei, drei, die Sauciere zur Hochzeit und der Korsika-Wanderführer zur Pensionierung. Wenn sich die Gelegenheit bietet, wird noch ein Spruch vorgetragen, gedichtet oder gar gesungen: ›Damit du auch weiter Wurzeln ziehen kannst …‹ Dazu gibt es dann ein Gartengerät.

Für den Einzug ins neue Haus dürfen auch die Pflanzen nicht fehlen. Ich bin mal in einem Bus voller Kollegen und Bäumen zu einer Einweihungsfeier gefahren – hatte aber selbst kein Geschenk. Zum Glück konnte ich mich auf dem Weg gerade noch in einen Rhododendron einkaufen.

Mittlerweile gibt es praktisch keinen Besuch mehr ohne Geschenk. Von Apfelkraut bis Zwetschgenmus: Ein Glas Marmelade sollte es mindestens sein. Meine Sozialkontakte habe ich deshalb schon auf ein Minimum reduziert. Ich traue mich kaum mehr aus dem Haus, aus Angst, nicht das richtige Mitbringsel dabeizuhaben.

Selbst Kleinigkeiten wie das Übernehmen einer Vertretung werden per Geschenk vergütet: mit Blumen auf dem Tisch, mit Merci-Schokolade im Fach. ›Danke!‹, sage ich. Warum hat die Firma Storck noch keine Re-Merci-Schokolade herausgebracht? Unter Lehrern wäre sie der Hit.«

Wir sehen sie vor uns: Wie die Lehrerkollegen bepackt mit Rhododendren und Marmelade aus den Kirschen vom Baum im Garten des Wochenendhäuschens sich gegenseitig zum Grillen besuchen. Wie sie sich stundenlang über ihre Stundenpläne, Schüler und deren Eltern auslassen. Und wissen Sie was? Wir haben vollstes Verständnis.

Schlusswort

Schule bedeutet für jeden etwas anderes. Für viele Schüler zählt in den neun, zehn, zwölf oder dreizehn Jahren, die sie in Schulen verbringen, vor allem: Freunde treffen, Lehrer aushalten, das Minimax-Prinzip perfektionieren, wonach man mit dem minimalsten Aufwand den maximalen Erfolg erreicht. Für Lehrer heißt Schule: Arbeitsplatz, Auftrag und immer wieder: Atmen. Tief. Ein und aus.

Beide Gruppen sind also auf völlig verschiedenen Umlaufbahnen unterwegs. Auch inhaltlich. Während sich die Lehrkräfte wirklich für ihr Fach und den Unterrichtsstoff begeistern können, verstehen die Schüler weder, wozu das jemals gut sein soll, noch, worum es überhaupt geht. Das wird an den vielen lustigen Antworten deutlich, die Kinder und Jugendliche im Unterricht und in Klassenarbeiten von sich geben.

Das merkte auch diese Lehrerin eines sonderpädagogischen Bildungs- und Beratungszentrums, als sie sich während der Aufsicht mit zwei Oberstufenschülerinnen unterhielt: »Eine der beiden fragte mich: ›Was für einen Abschluss haben Sie?‹ Ich antwortete, dass ich auf einem Gymnasium war und das Abitur habe. Beide schauten mich mit großen Augen an und fragten verdutzt: ›Hä? Und warum sind Sie dann hier?‹«

Ja, das fragen sich wohl viele Lehrer häufig. Eine hübsche Antwort darauf hat dieser Viertklässler seiner Klassenlehrerin zum Abschluss der Grundschule ins Poesiealbum geschrieben: »Sei froh, dass es uns Kinder gibt, sonst wärst du arbeitslos!«

Danksagung

Wir danken den Leserinnen und Lesern von SPIEGEL ONLINE für ihre zahlreichen Einsendungen, außerdem vielen weiteren Lehrerinnen, Lehrern, Schülerinnen und Schülern, die uns ihre schönsten Anekdoten aus dem Schulalltag erzählten. Und wir danken Marcin und Stan.